식지 않는 하나님의 첫사랑

식지 않는 하나님의 첫사랑

지은이 · 김정숙

초판 1쇄 찍은 날 · 2005년 8월 22일

초판 1쇄 펴낸 날 · 2005년 8월 29일

펴낸이 · 김승태

편집 · 김규혜, 박지연

표지디자인 · 김혜진

등록번호 · 제 2-1349호(1992. 3. 31)

펴낸곳 · 예영커뮤니케이션

  110-616 서울 광화문우체국 사서함 1661

  출판유통사업부 T. (02)766-7912 F. (02)766-8934 E-mail: jeyoungsales@chol.com

  출판사업부 T. (02)766-8931 F. (02)766-8934 E-mail: jeyoungedit@chol.com

  Homepage : www.jeyoung.com

ISBN 89-8350-362-9   03230

copyright ⓒ 2005, 김정숙

값 6,500원

식지 않는 하나님의 첫사랑

김정숙 지음

예영커뮤니케이션

책을 권하며

　저는 김정숙 전도사님을 몇 십 년 동안 매우 가까이서 보고 알아 왔습니다. 김 전도사님을 볼 때 마다 하나님이 하셨다고 생각하지 않고서는 도저히 설명할 수 없는 일들이 이루어지는 것을 보았습니다. 물론 예수님을 진정으로 만나는 사람마다 삶의 변화를 경험하는 것은 사실입니다. 하지만 김 전도사님은 특별히 그러한 변화를 구체적인 삶으로 잘 보여주셨고, 그의 변화된 삶이 얼마나 주변의 많은 사람들에게 영향을 끼치며 그들의 삶 또한 변화시킬 수 있는 지를 보여주신 분입니다.

　제가 알고 있는 전도사님은 기도의 사람입니다. 매일 교회에 나와서 기도하실 뿐 아니라 철야 기도에 열심이시고, 심지어는 금식 기도를 한 달에 3일은 꼭 하시며 때로는 일주일 이상도 하시는 분입니다.

　또한 김 전도사님은 영혼을 사랑하는 뜨거운 구령의 열정이 있는 사람입니다. 전도사님께서는 결국 완고한 시아버지와 시어머니를 전도하여 예수 믿게 하셨고, 시댁의 시동생들과 동서들을 다 전도하여 예수 믿게 하셨으며, 친정집의 모든 식구, 동생들, 제부들 까지 모두 전도하셨습니다. 뿐만 아니라 김 전도사님은 신행이 일치하는 삶을 사신 분이셨습니다. 시댁과 친정 사람들이 왜 예수를 믿고 교회에 다니게 되었겠습니까? 그것은 다름 아니라 김 전도사님이 믿는 자로서의 모범적인 삶을 그들에게 보여주었기 때문이었습니다. 하늘 나라에서 크고 작은 자를 평가하는 기준은 '그가 얼마나 성경을 많이 아느냐' 하는 것이 아닙니다. 오히려 '그가 얼마나 변화된 삶을 살았고 그리스도인으로서 얼마나 다른 사람들을 변화시켰느냐' 하는 것에 있습니다.

이미 하나님을 믿고 있는 사람들은 이 간증을 읽으면서 신앙에서 중요한 것은 '변화된 삶' 이라는 것을 새삼 느끼게 될 것입니다. 아직 믿지 않는 사람들은 이 책을 통하여 하나님께서 살아계신 분이시라는 사실을 알게 될 것입니다. 혹, 고난으로 눈물 겨운 질곡 가운데 사는 사람이 이 책을 읽는다면 하나님께서 고난 가운데 있는 약하고 낮은 자를 얼마나 사랑하시며, 어떠한 섭리로 선하게 사용하시는지를 발견하고 새로운 희망과 용기를 갖게 될 것입니다.

글을 읽으면서 받은 감동이 적지 않아 이 책을 모든 사람들에게 적극 추천합니다.

대전신일교회 담임 안주모 목사

책을 펴내며

  우리는 누구나 행복한 삶을 살고자 목표를 정하고 계획을 세운다. 그렇게 세운 행복한 꿈을 바라보면서 성공적인 인생을 기대하면서 우리의 지혜와 최선의 노력을 기울인다. 하지만 인간의 지혜와 노력만으로는 안 되는 것이 있다. 그 때문에 힘 있는 누군가가 나를 도와주었으면 하는 마음으로 신을 찾게 된다.

  어느 민족과 부족이든 믿고 있는 그들만의 신이 있다. 우리 나라도 예로부터 여러 미신과 불교 그리고 유교 사상에서 비롯한 조상신을 믿어 왔다. 귀신이 있는지 없는지 그리고 어떻게 언제까지 우리를 도와주고 책임져 주는지 모르지만, 부모님들이 믿었으니까 우리도 고민 없이 그렇게 믿어왔다. 나 역시 그 중 한사람이다.

  그러나 그 조상신은 내 꿈, 내 계획, 내 행복 중 그 어느 것도 책임져 주지 않았다. 시아버지의 심한 천식의 위기, 시어머니의 자궁, 위 그리고 폐까지 퍼진 암, 남편의 뇌동맥 뇌출혈과 당뇨, 큰 아들의 자살과 작은 아들의 병, 그리고 신경성 호흡 정지를 앓아 왔던 나는 항상 죽음 앞에 서 있었다. 우리 여섯 식구는 모두 죽었다가 다시 살아났다. 모든 것이 눈앞에서 사라지고 죽음 위에 쓰러진 고통의 쓰라림 속에서 마침내 구원의 손을 내밀어 주신 하나님을 만난 것이다. 그런 죽음의 고통과 부활의 은혜가 있었기에 이제는 귀신들의 속임수 때문에 인생의 행복을 다 빼앗기고 허무한 인생을 살아가면서 답답해하는 사람들에게 조금이나마 해답을 주고 싶어 이 책을 쓰게 되었다.

지금도 삶의 많은 어려움 가운데에서 행복을 누릴 수 있는 것은 우리의 상황과 조건을 초월한 하나님의 첫사랑, 그 사랑이 우리를 지탱하고 있기 때문이다. 하루하루 연단 속에서 더욱 깊어지고 단련된 믿음으로 그리스도께서 완전히 이루신 행복을 누리는 삶을 깨달았다. 그리고 그분 안에서 생육하고 번성하며 땅에 충만하여 정복하고 다스리는 축복을 누리면서 살아가고 있다.

어쩌면 많은 성도님들이 여전히 삶 가운데 하나님이 베풀어 두신 풍성한 축복을 누리지 못하고 있는지도 모른다. 하나님의 백성들이 너무나 풍족하여 하나님을 찾을 이유를 잃어버린 세상에서 다시금 하나님의 첫사랑을 회복하고 연단된 믿음 안에서 함께 누렸으면 하는 소망이 있다.

비록 내 자신이 연수가 많아 늙었을지라도 결실하여 진액이 풍족하고 빛이 청청하며 여호와의 정직하심을 나타내기를 소원한다. 내가 사는 날 동안 하나님의 이름을 높여 드리는 목표를 향해 잠시도 쉴 수 없다. 지금도 이 푯대를 인하여 하나님께서 내 앞의 환경과 여건들을 열어 주실 것을 생각하면 가슴이 벅차오른다.

이전에 나는 내 생각대로 무엇을 하고자 할 때마다 늘 실패하고 풀리지 않는 것을 자주 경험했었다. 그러나 이제는 내 안에 계신 주님이 계획하시고 펼쳐 가시기 때문에 앞 길을 알 수 없어도 행복하다. 하나님의 이런 인도하심은 나뿐만 아니라 그리스도 안에서 누구든지 누릴 수 있기 때문에 많은 사람들에게 소개하고 싶다. 이 책을 읽는 분들 가운데 삶을 휘둘리게 하는 가난과 정욕과 악한 영과의 싸움으로 지친 분들이 있다면 말씀과 성령 안에서의 위로와 축복을 권해 드리고 싶다.

나의 경험과 신앙의 시련들이 사도들의 그것에 비할 바 못 되더라도 여러분들의 마음에 위로의 선물이 되기를 소원하며 이 책을 펴내게 되었다. 책이 나오기까지 기도해 주시고 축복해 주신 많은 신앙의 동지들에게 감사드린다. 또한 피곤하고 힘든 가운데 엄마의 원고를 정성껏 타이핑해 준 사랑하는 아들과 원고가 출판되기까지 검토해 주

고 진행을 도와준 이춘식 전도사님께도 마음의 감사를 드린다. 추천
과 물질의 후원과 기도로 도와주신 여러분들과 가정 구원의 역사에
함께 동고동락했던 친지 가족들, 그리고 이 책이 나오기까지 애쓴 예
영커뮤니케이션 김승태 대표님께 감사의 말씀을 전한다. 그리고 무
엇보다 하나님이 사랑하시는 나에게 고맙고, 끊임이 없고 식지 않는
첫사랑의 감격을 날마다 새롭게 베풀어 주시는 하나님께 영광을 돌려
드린다.

2005년 8월

김정숙

차례

1.
어둠에서 진리의 빛으로

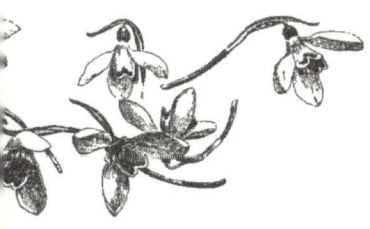

"예수께서 이르시되 내가 곧 길이요 진리요
생명이니 나로 말미암지 않고는 아버지께로 올 자가 없느니라"(요 14:6)

진리가 없는 어둠의 가정에서 태어나다
시집, 또 다른 어둠의 울타리
인간의 능력과 사랑은 한계가 있다
모든 질병을 치료 받다

진리가 없는 어둠의 가정에서 태어나다

한국전쟁이 일어난 그 해 여름, 나는 진리의 빛이 전혀 없는 가정에서 태어났다. 아버지는 해방 전 30여 년 동안 일본에서 생활하셨다. 일본에서는 의료기기 공장을 했었는데, 해방 후 한국으로 돌아와서는 부산의 '한양수산' 이라는 회사에서 투자 이사로 일을 시작하게 되셨다. 그 때만 해도 한양수산이 속한 그룹은 남한 쪽에서 두 번째로 규모가 큰 회사였다. 한양조선소, 한양고무공장, 한양제철공장, 한양수산, 한양목재공장, 한양자연한천공장 등으로 구성된 대그룹이었다.

그 당시 한국의 경제 사정은 너무 심각했고, 가난한 생활에 찌들어 거짓말하는 사람이나, 도둑질하는 사람도 많아 회사의 운영과 관리에 어려움이 많았다. 그래도 여러 공장들은 잘 운영되었고, 그 중에 수출 공장인 한천공장의 수입이 꽤 괜찮았다. 당시 행정 구획으로 부산 동래구에 속해 있던 반여동은 동천강의 맑은 물과 논과 밭이 넓은 곳이었는데, 이곳에 한천공장을 짓게 되었을 때 아버지가 공장의 책임을 맡기 위해 고간에서 이사를 오게 되었다.

아버지는 본래 정직하고 부지런한 성품에다 오랜 일본 생활에서 배운 성실함이 몸에 배어 있는 분이셨다. 어머니 또한 아버지 못지않게 성실하셔서 회사에서도 사람들에게 인정과 많은 칭찬을 들으셨다. 아버지는 일본 생활을 하는 동안 어머니를 만나 결혼하여 큰오빠와 언니를 낳았다. 그러나 해방 후 콜레라 전염병이 돌아 큰오빠를 잃어버렸던 두 부모님은 가정의 우환을 염려했다. 특히 독자였던 아버지는 의지가 매우 강한 분이셨지만, 의지로 안 되는 운명 앞에서는 약하셨던 분이다.

고간에서 이곳으로 이사 온 후 작은 오빠가 태어났고, 그 뒤로 나와 세 명의 여동생이 태어났다. 이 당시만 해도 경제적으로 어려운 시대였지만, 우리 가정은 큰 어려움 없이 지냈다. 가정적인 아버지와 어머니의 사랑 속에서 풍족하게 자랐다. 자식 교육열도 높았던 부모님은 자주 언니와 오빠의 학교 선생님까지 집으로 불러 대접하곤 했다.

어머니는 매 년 음력 정월 이틀이면 가정의 무사안녕을 위해 명장동에 있는 작은 암자에 가서 부처님께 불공을 드렸고, 집으로 보살이 찾아와서 안택(安宅, 집안 액운이 떠나고 평안을 빌어주는 것)을 했다. 어머니는 해마다 이 불공을 하셨다. 또 아버지는 집안 제사나 묘사에 정성을 많이 기울이셨고, 조상을 섬기는 것뿐만 아니라 일본에서 우상을 모시는 문화도 배워 오셨다. 만약에 아버지가 미국으로 가셨더라면 달라졌을지도 모르겠다.

그런데 어느 해인가 아버지는 조상들의 상석(上石, 묘 앞에 제물을 올리는 돌판)을 올리고 묘답(墓畓, 묘제의 경비로 쓰기 위해 가꾸는 논밭)을 사야겠다고 주동을 하셨다. 물론 모든 돈은 아버지가 부담하셨다. 이후 얼마 되지 않아 회사 사장이 질병으로 죽게 되었고, 회사가 망하면서 우리 가정도 어려워지게 되었다. 설상가상으로 막내 동생은 교통사고로 크게 다치는 사고가 일어났다. 왜 이런 일이 갑자기 닥치는지 도무지 이해할 수 없었다. 예수 믿고 나서 생각해보니, 이 모든 것은 가문 전체가 귀신과 우상을 섬긴 것에서 돌이키시려는 하나님의 사랑과 책망이었음을 이해할 수 있었다.

이와 비근한 예를 주변에서 자주 보아 왔었다. 어느 가문이든지 제실(祭室, 집안에서 제사하지 않았던 오랜 옛 조상들에게 제사하는 집)을 짓거나 고치면 특히 주동한 집의 장손이 죽는 것을 번번이 보았다. 성경에서도 그 전례를 찾아볼 수 있다. "여호수아가 그 때에 맹세로 무리를 경계하여 가로되 이 여리고 성을 누구든지 일어나서 건축하는 자는 여호와 앞에서 저주를 받을 것이라 그 기초를 쌓을 때에 장자를 잃을 것이요 문을 세울 때에 계자를 잃으리라 하였더라"(여호수아 6장 26절). 때로 사람들이 성경을 무시하고 큰소리치면서 살지만 결국 말씀을 벗어날 수는 없다.

'나의 모든 교훈을 멸시하며 나의 책망을 받지 아니하였은즉 너희가 재

앙을 만날 때에 내가 웃을 것이며 너희에게 두려움이 임할 때에 내가 비웃으리라"(잠언 1장 25-26절)

　　그 후 경제 형편이 점점 어려워지게 되자 부모님은 식당을 차려 운영하기 시작했다. 우리 가족은 두 분이 부지런히 일한 덕분에 부유하지는 못해도 큰 부족함 없이 서로 사랑하며 행복하게 지냈다. 나는 학교를 졸업하고 육군 군속 공무원으로 직장을 다니게 되었다. 그리고 일을 마치고 나면 피아노를 배우러 학원을 다녀오곤 했다.

　　피아노를 가르쳐 주시는 선생님은 교회에서 반주를 맡고 있는 것 같았다. 선생님의 남편은 육군 모 부대의 영어 통역관이었다. 두 분은 내게 진실된 신앙인의 모습과 하나님의 사람은 어떻게 사는 것인지를 보여 주었다. 예수를 믿지 않았던 나였지만 그 모습들을 보면서 닮고 싶은 마음이 들었다. 부부의 행복한 모습을 보면서 나도 앞으로 결혼하면 이렇게 행복한 결혼 생활을 할 수 있으리라 자신했다.

　　이전에도 예수님에 대한 설명을 자세히 들은 것은 아니었지만, 그저 '교회 갑시다.' 라는 말은 두 번 정도 들은 것 같았다. 그러나 그때는 그런 소리가 귀에 들리지도 않았다. 그저 항상 남을 사랑하고 도우며, 더욱 베풂을 통해 화목을 이루려 노력하면 행복해지리라 믿었다. 내가 가족을 사랑하는 만큼 시댁을 잘 섬기고 사랑하면 될 것이라 생각했다. 아침 출근길마다 맑은 물 흐르는 동천강가를 따라갈 때면 연한 핑크색 원피스를 입고 훈훈한 봄바람에 살랑이듯 머리카락을 나풀거리며 평소에 좋아하는 명곡과 가곡을 부르던, 나는 그렇게 꿈 많은 소녀였다.

"난 결혼하면 아이들과 가족이 피아노 반주에 맞추어 함께 노래하는 가족이 될 거야! 내가 부르는 이 아름다운 가곡을 함께 부를 거야!"

나는 항상 장래에 만날 남편이 유명하거나 잘생기거나 부유한 사람이기 보다는 성실하고 가정적이신 우리 아버지 같은 사람이었으면 좋겠다고 생각했다. 그리고 아버지를 존경하면서 지극히 사랑하시던 어머니처럼 나도 그렇게 살고 싶었다.

시집, 또 다른 어둠의 울타리

내가 25살 되던 해, 지인의 중매로 시집을 가게 되었다. 시댁은 내가 살고 있던 친정집에서 15분여 정도 걸어 작은 야산을 넘으면 바로 나오는 명장동에 있었다. 우리 집이 큰집이었고 작은 댁 두 가정도 한 동네에 살고 있었다. 시댁 식구는 시할머니와 두 시부모님, 시누이 1명과 시동생 3명 그리고 우리 부부 등 모두 9명의 대가족이었다. 그 외에도 매일 평균 2명 정도 손님이 집에 들르셨다. 명장동 5대 토박이 종갓집 맏며느리로서 감당해야 할 제사는 혀를 내두를 정도였다. 우리 집 제사가 8부, 중간댁이 5부, 막내 작은댁이 1부의 제사를 지내는데, 며느리는 나 혼자뿐이었기에 작은 댁 제사 제물 준비까지 다 해야 했다.

어린 시절엔 친정아버지가 무남독자라 삼촌이나 고모가 있는 집이

부러웠다. 그래서 그런지 작은댁에 다니면서 집안 식구들이 모여 제
사를 지내고 맛있는 음식을 먹으며 이야기를 나누는 것이 즐거웠다.
겨울 방학이면 어린 시동생 둘이 얼음지치기를 하다 옷과 신발을 다
버려 빨랫감을 잔뜩 내놔도 싫지 않았다. 어머니는 그런 시동생들 때
문에 무안하셨는지 소리를 지르시며 야단하셨다. 할머니 생신이면
두 작은댁 가족이 다 모인 가운데 시동생 둘이 권투를 하느라 100평
넘는 마당에서 엎치락뒤치락하는 통에 온 가족이 웃음 바다를 이루기
도 했다.

　시댁도 몇 년 동안에 걸친 집안의 액운이 지나가고 어려움 없이 지
내기를 바라며 가벼운 굿을 했다. 이미 친정에서도 여러 번 보았기에
새롭거나 별 다르게 보이지는 않았다. 때로 그 해 액운이 안 좋다고
하는 가족에게는 부적을 준비해 주시기도 했다.

　　"이방인이 그 마음의 허망한 것으로 행함같이 너희는 행하지 말라 저희
　　총명이 어두워지고 저희 가운데 있는 무지함과 저희 마음이 굳어짐으로
　　말미암아 하나님의 생명에서 떠나 있도다"(에베소서 4장 17-18절)

인간의 능력과 사랑은 한계가 있다

결혼이라는 것은 참으로 오묘한 힘을 가지고 있다. 새로 가정을 이루면서 낯선 가족들을 사랑하게 되는 섭리가 참 신기하다. 전혀 알지도 못했던 가족들이 사랑으로 연결되어가는 것이다. 나 또한 어느새 시댁 친부모님과 형제들 모두가 친정 못지않은 사랑으로 세워 갔다.

시집을 와서는 특히 시할머니를 지극 정성으로 섬겼다. 어렸을 때 친할머니와 할아버지께서 일찍 돌아가시고 안 계셨는데, 그대신 외할머니께서 우리 집에 자주 오셨다. 할머니가 멀리 오시는 모습만 보이면 한 걸음에 달려 나가 마중을 하기도 했다. 그만큼 나는 어른들 모시는 것을 즐거워하고 좋아했다.

할머니께서도 손부인 나를 무척 사랑스럽게 여기셨다. 뿐만 아니라 모든 가족이 새 식구인 나를 살갑게 여겨 주었다. 그러나 한 달 두 달 가면서 서로의 결점이 드러나기 시작했다. 어머님은 굉장히 힘도 세고 일도 빨리 하시는 반면에 나는 힘도 약하고 빨리 일하지도 못했다. 나름대로 열심히 했지만, 어머니의 마음을 흡족하게 하기에는 늘 부족했다. 그럴 때마다 혀를 끌끌 차시며, 한 말씀하셨다.

"그렇게 일해 가지고, 뭐 해묵고 살겠노!"

어머님 손에서는 항상 걸레가 떠나지를 않았다. 부엌에 들어오시면 노란 알루미늄 냄비를 하얀 스테인리스 냄비처럼 닦으시면서 불평을 하셨다. 시형제들의 새벽밥부터 시작하여, 두레박으로 물을 길어와 열 식구의 손빨래를 하고 돌아서면 점심식사를 준비해야 했다. 채소를 다듬어 어머니 시장 가실 준비를 해드리고 나서 바로 청소하고 나면 또 저녁 준비를 해야 하는 바쁜 나날이었다. 때로는 어머님을 따라 시장까지 채소를 머리에 이고 갈 때도 있었는데 어찌나 빠르신지 아무리 빠른 걸음으로 따라가도 힘에 부치기만 했다. 뒤쳐져 가면 또 불평하셨다. 아무리 열심히 해봐도 소용이 없었다.

제사, 생신, 명절, 동지 팥죽, 이월이면 고사(告祀), 삼월 삼짇날 파전 등, 이렇게 무슨 날이면 그냥 스쳐 지나는 법이 없고 꼭 행사는 다 치러야 했다. 중간 중간 간식까지 챙겨야 했고, 한 마디로 일의 노예가 되어 버렸다.

"누구네 며느리는 무엇무엇 해왔다네. 누구네 처가에서는 백(권력)이 좋아서 취직도 잘 되었다네. 누구 며느리는 처가에 재산이 많아 제 몫이 얼마라네." 함께 앉기가 무서웠다. 이불 호청에 풀질을 하려고 하면 한마당이 된다. 어머님과 당겨서 손질을 할 때마다 힘이 장사인 어머님이 앞으로 잡아당기면 나는 앞으로 고꾸라졌다. 그러면 또 어머님은 혀를 끌끌 차시면서 불평하신다. 조금도 불쌍히 여기거나 용납이란 찾아 볼 수 없었다.

내가 어릴 때 친정 부모님들은 행복한 가정을 위하여 많이 노력하셨다. 친정 어머니는 늘 성격이 급하셨던 아버지에게 맞추어 가정의 화목이 깨어지지 않도록 노력하셨고, 친정 아버지도 성격이 급한 것을 제외하고는 나무랄 데 없이 성실하셨다. 그런 부모님을 보고 자란 나는 모든 집이 다 그런 줄로 알았다.

"미움은 다툼을 일으켜도 사랑은 모든 허물을 가리우느니라"
(잠언 10장 12절)
"지혜 없는 자는 그 이웃을 멸시하나 명철한 자는 잠잠하느니라"
(잠언 11장 12절)

나는 바보처럼 힘도 없으면서 어머님의 성격을 맞춰 드리려고 갖은 애를 다 썼다. 그러던 중 직장에 다니던 남편이 직장을 그만두고 집에 있게 되자, 어머님의 성화는 날로 더 했다. 나 또한 남편이 직장을 다니지 않으니 속이 상하는데 어머님까지 성화시니 몸 둘 곳이 없었다. 남편은 바깥 생활을 자주 하기 시작했다. 귀가 시간도 일정치 않았다. 아마도 집 재산이 많으니 직장 생활을 그만두고 개인 사업을 꿈꾸고 있는 것 같았다.

어머님은 늘 당신이 젊으셨을 때 뼈 빠지게 농사짓고 미나리 키워 손수 머리에 이고 장에 내다 판 돈으로 논밭 사서 잘 살게 되었다고 자랑하셨다. '어머님도 한 동안 많은 고생을 하셨구나!' 하며, 모든 물질에 대해 항상 감사하게 여겼다.

아버님도 약주를 잡수시면 평소 모습과는 다른 분이 되셔서 똑같은 말씀을 하셨다. 그런 말씀을 들을 때마다 이 재산을 나 혼자 쓰는 것도 아닌데 죽도록 일만하고 만지지도, 쓰지도 못하니 가족이 많은 집에서 식모를 살아도 밥 먹고, 옷 입고, 용돈은 쓰지 않겠나 하는 생각에 속이 상했다. 재산을 포기하고 출가해 남편과 함께 열심히 일해서 자립하기를 바랐지만 남편은 전혀 그럴 생각이 없었다.

그 후 남편은 아버님과 의논해서 가진 땅에 집을 지어 팔기로 했다. 안락동, 명장동, 서동 등이 개발지구로 선택되면서 땅값이 폭등하고 학군이 좋아 집값도 상당했다. 상가와 주택을 지어 팔고 그 돈으로 땅 사기를 반복해 많은 돈을 벌기 시작한 남편은 점점 늦게 귀가하기 시작했다.

때마침 결혼하고 2년이 넘도록 임신을 하지 못하던 내가 기다리던 아들을 보게 되자 남편은 아이를 무척이나 사랑했다. 그러나 남편은 한편으로 다복한 가정을 꿈꾸면서도 무엇인가에 이끌리듯 점점 흥청망청 살기 시작했다. 한 마디로 수렁에 빠지기 시작한 것이다. 부모님은 남편이 당신의 돈을 다 탕진한다며 나에게 성화를 내셨다. 마치 내가 남편을 그렇게 만들기라도 한 것처럼, 그렇게 하라고 시킨 것처럼 역정을 내셨다.

그러다 첫 아기가 백일이 될 때쯤 나는 사고로 골반 뼈를 다쳐 일 년 간 고생하다가 다시 2년 만에 자궁 외 임신으로 수술을 받았다. 그 후 일 년 반 만에 작은 아이 임신을 하게 되었는데, 이미 몸은 심각하게 쇠약해져 있었다. 그보다 더 힘들고 무서운 것은 정신적 고통이었다. 바깥으로 겉도는 남편과 성화를 내시는 어머님으로 인해 호흡마저 힘들었다.

이를 보다 못한 막내 동생이 삼 일을 금식하고 나에게 예수 믿고 교회 가자고 권했다. "애야, 네 생각도 옳지만 천국을 가도 같이 가고 지옥을 가도 같이 가야 되지 않겠니? 이 종갓집에서 어떻게 교회를 갈 수 있겠니?" 동생도 어이가 없어 아무 말도 못하고 돌아갔다.

1981년 즈음 부동산 투기 단속이 심해지면서 팔려고 지은 집이 팔리지 않게 되었다. 집을 지으면서 자금이 부족해 빌린 돈 때문에 생긴 빚과 남편이 허비하는 돈, 게다가 대가족이 쓰는 생활비까지 만만치 않게 빚이 늘어만 갔다. 집값이 절반으로 떨어지기 시작했다. 지어놓은 열 채 중에서 한 채도 팔리지 않았다. 그 와중에도 사채 독촉장이 계속 날아왔고, 아직 땅도 있고 집도 많지만 규칙적인 수입이 안 되었기에 늘 마음은 불안했다.

걱정을 떨치지 못하던 중에 결혼 전 피아노 선생님이 교회를 다녔다는 생각이 떠올랐다. 교회에는 사람이 많으니 혹 집을 살 사람이 있을지도 모른다는 생각이 들어 전화를 걸었다. 전화를 받으신 선생님은 반가워하시며 웬일이냐고 물었다. 그 순간 결혼한 후 7년이 되도록 안부도 없던 사람이 어떻게 부탁을 할지 양심이 찔렸다. "선생님

저 교회 갈게요."라고 대답해 버리고 말았다. 그 말에 선생님은 너무
나 반가워하셨다.

전화기를 놓는 순간, "그래 내가 왜 교회를 못 가! 때때로 쉼도 제
대로 못 쉬고 고통을 당해도 식구들은 아랑곳하지도 않았고, 언제 이
집에서 죽어 시체로 나갈지 모르는데 뭐가 겁나서 교회를 못 가!" 그
렇잖아도 교회는 정서 교육이 풍부해 보여서 좋게 생각하고 있었고,
또 피아노 선생님 내외가 살아가는 모습이 참 행복하게 보였던 생각
이 났다. "그래 맞아! 내가 죽더라도 우리 아이도 예수 믿게 해서 저
집처럼 살게 해주고 죽어야지!" 여섯 살 난 큰 아이와 세 살짜리 작은
아이가 너무나 불쌍하게 여겨졌다. 온 가족은 제각기 자기 행복을 생
각할 뿐이지, 누가 이 어린아이를 위하겠는가? 내가 죽고 없으면 불
쌍한 건 이 아이들뿐이라고 생각하니 아무것도 무섭지 않았다.

나는 건강을 회복할 수 있으리라 생각도 못했다. 정신적으로 앓았
던 병이라 약물 치료가 되지 않을 것이라는 사실을 알고 있었다.

> "사람의 심령은 그 병을 능히 이기려니와 심령이 상하면 그것을 누가 일
> 으키겠느냐"(잠언 18장 14절)

그 다음 주 일요일, 친정에 다녀온다고 말씀드리고 선생님의 인도
로 친정 동네에 있는 부산제일교회에 등록했다. 1981년 10월 11일은
내 인생의 방향이 바뀌고 운명이 바뀌는 날이었다. 뿐만 아니라 온 가
족의 운명이 바뀌는 날이었다.

"하나님이 내 영혼을 건지사 구덩이에 내려가지 않게 하셨으니 내 생명
이 빛을 보겠구나 하리라"(욥기 33장 28절)

　매주 주일 예배를 참석할 때마다 담임 목사님께서 나를 위해 직접
기도를 해주셨다. 의지할 곳 없던 나는 열심히 다녔고, 몇 개월 후에
는 학습도 받게 되었다. 목사님의 설교를 잘 알아들을 때도 있고, 잘
이해되지 않을 때도 있었지만 늘 마음만큼은 평안했다. 그래서 더 자
주 교회에 가고 싶었지만 부모님 모르게 다녔기 때문에 모든 예배 순
서마다 마음껏 참석할 수는 없었다.

"모든 일을 궁구하며 살핀즉 이는 괴로운 것이니 하나님이 인생들에게
주사 수고하게 하신 것이라 내가 해 아래서 행하는 모든 일을 본즉, 다 헛
되어 바람을 잡으려는 것이로다 구부러진 것을 곧게 할 수 없고 이지러진
것을 셀 수 없도다"(전도서 1장 13-15절)

모든 질병을 치료 받나

교회에 등록하고 나서 2개월 정도 되었을 때다. 교회 집 사님들의 대화 가운데 철야기도에 관한 이야기가 나오고 있었다. 그게 무엇이냐고 물었다. 철야기도는 금요일 밤에 성도들이 모여서 간증도 서로 나누고 서로를 위해 기도해 주는 시간이라고 했다. 나도 참석해도 되느냐고 물었더니 집사님들은 언제든 와도 좋다고 했다. 가고는 싶지만 시집 눈치가 보여 고민하다가 어머님께 다가오는 금요일 저녁에 친정 갔다가 새벽에 와서 아침 준비를 하겠다고 했더니 허락해 주셨다.

생전 처음으로 철야기도에 참석했다. 목사님의 인도로 예배를 마친 후, 다음 순서로 문 집사님이 간증을 하셨다. 갓 태어난 어린 자녀가 심장판막증에 걸러 새파랗게 얼굴이 질린 채 숨이 넘어갈 것 같다가 다시 살아난 이야기를 들려주었다. 집사님은 아이가 죽음 앞에서 헤맬 때 지푸라기라도 잡는 심정으로 예수님을 영접했다고 고백했다. 그 후, 간절히 기도하는 가운데 얼마 버티기 힘들던 아이가 1년을 버티더니, 지금은 수술하지 않은 채 몇 년 동안 이상 없이 잘 자라고 있다고 했다. 아이를 통하여 가족이 구원 받게 된 것이 더없이 기쁘고 감사하다고 했다.

그 뒤 개인기도 시간이 시작되었다. 어미 옆에서 자고 있는 두 아이들이 추워보인다며 한 집사님이 고맙게도 이불을 가져다가 덮어 주신다. 그러나 막상 무릎을 꿇고 앉은 나는 어떻게 기도해야 할 줄 몰랐다. 아니 어떻게 기도해야 할지 막막했다. 동생들이 가르쳐 준 대로 교회에서 밤을 지새우면서 기도한다는 게 너무나 막연했다. 눈을 감고 한참을 생각하다가 단지 내 마음에 맺혀 있던 이야기들을 주절주절 꺼내 놓기 시작했다.

"하나님 아버지, 제 이야기 좀 들어 보세요. 가정에서 일어나는 복잡한 문제들을 시댁 식구들에게 이야기하자니 자꾸만 시끄러울 것 같고 친정에 이야기하자니 걱정만 끼칠 것 같아요. 결국은 두 집안 사이만 나빠질 수 있을 것 같고, 친구나 이웃을 만나서 털어놓아 봐야 아무런 해결이 되지 않을 것 같아 아직 아무와도 의논도 해보지 못했어요. 하나님, 예수 믿는 게 무슨 죄라고 소문이 날까 두려워 이렇게 몰래 다녀야 하나요? 그리고 하나님, 아무리 열심히 노력해도 식구들을 만족스럽게 챙겨 주지 못하는 내가 부족한 것밖에 없는 것 같고, 늘 나를 불평하시는 어머님도 기분 좋

게 해드리진 못하겠고요. 바깥으로 외도하는 남편을 설득해 부모님께 효
도하며 착하고 성실하게 살자고 아무리 이야기해도 대답뿐이고 실행되
는 것은 아무것도 없어요. 열심히 노력하고 사랑을 주면 행복한 가정을
이룰 수 있다고 생각했었지만 이제 제 몸도 마음도 약해질 대로 약해지고
아무런 소망이 없어요. 이 두 아이가 불쌍해서 예수 믿으면 행복하게 될
것 같아 하나님 앞에 왔습니다. 이 어린 아이들을 불쌍히 여기시고 축복
해 주세요."

내 힘으로는 도무지 해결하시 못함을 알고, 혼자만 앓아 온 모든
문제들을 하나하나 하나님 앞에 내어 놓았다. 눈물이 범벅이 되었다.
한참을 기도하다가 다른 사람들은 어떻게 기도하는가 하고 주위를 돌
아보았다. 모두 울고 있었다. 그런데 귀를 기울여 들어보니 다들 나를
위해 기도하고 있었다. 그 순간 당황스럽기도 했지만 너무나 고마웠
다. 지금도 그 은혜를 잊지 못한다. 기도를 마친 후 돌아오는데 세상
모든 질고를 다 벗어 버린 것처럼 마음이 평안했다. 그리고 두려움도
없어졌다. 그 후로 지금까지 자주 숨 막혀서 힘들어하던 것, 즉 호흡
곤란증이 말끔히 사라져 버렸다. 그 뒤로 예전보다 더 어려워졌지만
아무 이상 없이 생활할 수 있어 참으로 하나님께 감사하고 영광을 돌
렸다.

또 한 번은 큰 아이가 백일이 될 무렵 사고를 당해 허벅지의 둥근
큰 뼈가 탈골이 되고 부러진 일이 있었다. 그 때 고생한 후로도 계속

허리가 아파 아이를 업기에도 힘들었다. 어느 수요예배인가, 그날따라 허리가 몹시 아팠으나 그래도 아픈 곳을 부여잡고 예배에 참석했다. 찬송가 530장의 "네 병든 손 내밀라고"라는 찬송을 반복해서 여러 번 부를 때 온 몸이 불덩이처럼 뜨거워짐을 느끼게 되었다. 목사님께서 아픈 부분에 손을 대어 만져보라고 하셨다. 나는 시키는 대로 순종했다. 예배를 마치고 돌아오는 길에 아이를 업었다. 한참을 오다가 문득 생각해 보니 허리에 아무런 통증이 느껴지지 않고 있었다. 아이를 업고도 너무나 당연한 듯 하나도 힘들지도 않고, 아프지도 않은 것이 아닌가? 그 후로도 지금까지 허리 아픈 일이 없었다.

2002년에는 잠시 일본에서 생활하게 되었다. 어느 날 복부에 심한 압박을 받았다. 어디가 어떻게 아프다고 표현 못할 만큼 답답하고 오장이 조여드는 느낌이었다. 함께 생활하시는 조 집사님이 나를 위해 밤을 지새우며 눈물로 기도하셨다. 나 또한 그 밤에 하나님과 약속을 했다. 무슨 일이든 주께서 명하시는 일이면 순종하겠다고 고백했다. 아침에 일어나니 깨끗이 나아 편안해졌다. 죽을 것만 같았던 고통이 거짓말처럼 없어진 것이다.

그 후 한국에 돌아와 연세가 많으신 시부모님들을 모시고 하나님의 명령을 기다렸다. 하나님이 나를 어떻게 쓰실지 온전히 맡겨 드린 것이다. 하지만 여든이 넘은 부모님 때문에 전도사 사역은 꿈꿀 수도 없는 일이었다. 그 와중에 또 몸에 이상이 왔다. 왼팔과 어깨 쪽에 무엇이 잡아당기는 듯했다. 또 하루에도 몇 번씩 반복적으로 위장도 쓰리고 아팠으며, 왼손마저 저려왔다. 헌데 얼마 있지 않아 사역지가 생기게 되었다. 전도사로 청빙하는 교회가 있어 기도하면서 먼저 순종하기로 했다. 그 후 바쁘게 교회를 섬기다보니 아픈 데가 사라졌다. 내가 꾀병을 앓았다는 듯 말끔히 씻어졌다. "내 이름을 정의하는 너희에게는 의로운 해가 떠올라서 치료하는 광선을 발하리니 너희가 나가서 외양간에서 나온 송아지같이 뛰리라" 하는 말라기 4장 2절의 말씀대로 우상 숭배를 하여 하나님의 진노로 지옥에 갈 벌레 같은 나의 삶을 하나님이 용서하셨고, 천사도 흠모할 하나님의 일을 주셨을 뿐만 아니라 나와 온 가족이 구원의 축복을 누리게 됨을 인하여 하나님께 영광을 돌린다.

> "여호와께서 내 음성과 내 간구를 들으시므로 내가 저를 사랑하는도다
> 그 귀를 내게 기울이셨으므로 내가 평생에 기도하리로다"
> (시편 116편 1-2절)

2.
믿음의 첫 걸음마를 떼며

"내가 땅 끝에서부터 너를 붙들며 땅 모퉁이에서부터 너를 부르고 네게 이르기를
너는 나의 종이라 내가 너를 택하고 싫어하여 버리지 아니하였다 하였노라 두려워하지 말
라 내가 너와 함께 함이라 놀라지 말라 나는 네 하나님이 됨이라 내가 너를 굳세게 하리라
참으로 너를 도와 주리라 참으로 나의 의로운 오른손으로 너를 붙들리라"(사 41:9-10)

민망을 당한 구역예배

첫 실패를 통해 배운 하나님의 섭리와 축복

작은 아이에게 찾아온 죽음의 위기

제사 진행 중 옥상에서 기도하다

굿 하던 날

첫 실패를 통해 배운 하나님의 섭리

내가 교회에 등록한 그 해 연말에 친정집 막내 여동생이 믿는 형제와 결혼을 했다. 동생 내외는 울산 지역에서 목장을 하겠다고 했다. 목장 지역을 돌아보았는데 엄청나게 넓은 지역이었다. 인가가 전혀 없는 산골이지만, 두 가정이 생활하기는 넉넉한 곳이었다. 동생과 나는 함께 목장과 농장을 하면 좋겠다고 마음을 모았다. 하지만 그로 인해 정든 부산제일교회를 떠나와야 했다.

도시에서만 살던 동생과 나였지만 우리는 깊은 산골짝도 무서워하지 않고 묵은 밭들도 두려워하지 않았다. 하나님이 함께 계셔서 축복하신다는 분명한 믿음이 있었기 때문이다. 어렵사리 시부모님께 허락을 받았고, 남편에게도 겨우 억지 허락을 받았다.

아직 소가 준비되지 않았기 때문에 밭농사부터 시작할 예정이었다. 추운 겨울이지만 내년 봄 농사 준비를 위해 묵은 밭에 잡초를 베고 또 2천 평 정도의 잡초들은 태우기로 했다. 밭 둘레로 차가 다니는 도로가 있어 비교적 안전하다고 판단했지만, 만약을 대비해 가까운 군부대에 협조를 구하고 군인들을 동원하여 도로를 지키기까지 했다. 바람 한 점 없는 날이었다.

동생 남편인 제부가 밭에 불을 붙였다. 워낙 무성한 잡초라 불길이 금방 거세게 타올랐다. 바람 한 점 없는데 불길은 하늘 높이 오르더니 건너편 산에 옮겨 붙었다. 바짝 마른 데에다 무성한 목초에 불이 옮겨 붙기 시작하니 감당할 수 없을 정도로 번져갔다. 나는 서둘러 불을 끄기 위한 연장을 가져오려고 창고로 달려갔다. 오르막길을 오르는 데 도무지 발이 떨어지지를 않고 앞으로 엎어졌다. 다시 일어날 기운조차 없었다. 엎드린 채 '하나님 뜻대로 하소서' 하고 울며 기도했다. 예수 믿고 축복 받아 예수님을 자랑하고 싶었는데 이게 웬일인가? 기운을 차려 올라와 보니 산과 밭이 온통 불바다가 되었다. 신고를 받고 달려온 소방차도 속수무책이었고 현대자동차와 현대중공업 직원 버스가 10대도 넘게 동원되었지만 아무 소용이 없었다.

집까지 불이 옮겨 붙을까봐 성경책만 들고 나왔다. 수십만 평의 산이 불바다로 변했고, 구청, 군청, 시청 직원들은 여기 경계가 어디니까 자기네 관할이 아니라면서 책임을 떠넘기느라 서로 싸우기도 했다. 저녁이 되어 모두 포기하고 돌아가자 제부는 경찰서로 붙들려갔다. 다행이 집에는 불이 옮겨 붙지 않았다. 어두운 밤이 되자 비가 오기 시작했다. 감당 못할 불길을 하나님께서 잡아 주신 것이다. 그 와

중에 동생과 나는 비를 내려주신 주님께 감사예배를 드렸다. 그러나 이제 남자가 없으니 농사일이나 목장일이나 모든 것이 끝난 것이 아닌가 생각했다. 내 남편은 목장 일에 대해 반대했을 뿐만 아니라 아예 관심조차 없었기 때문에 기대할 수 없는 노릇이었다.

앞으로 어떻게 할까 생각하고 있는데 제부가 돌아왔다. 순순히 풀려난 것에 대해 우리는 깜짝 놀랐다. 실제로 불에 탄 목초나 잡목들을 계산하니 돈으로 얼마 되지 않는다고 했다. 게다가 오래된 소나무는 별로 타지 않았고, 다행히 소나무가 가득했던 산에는 불이 붙지 않아 옛날 목장을 하다 묵혀 둔 목초밭의 잡초와 잡목만이 대부분 탔다는 것이다. 결국 경찰서에서는 다시 부를 때까지 기다리라고 했단다.

그렇게 우리는 포기 직전의 위기를 넘기고, 농사일을 시작할 수 있게 되었다. 그리고 불에 휘감길 때 밭과 산에 가득 남겨진 재들은 산나물이나 농작물에 좋은 거름이 되었다. 옛날 목장을 할 때 두엄을 많이 넣었던 밭이라 토지 또한 매우 좋았다. 우리는 그 당시 농작물로 고소득을 올리던 당근을 심었고, 고맙게도 아주 잘 자랐다. 우리는 기쁜 마음에 당근 주위에 풀이 많은 것을 보고 인부를 데려다가 일일이 제거도 했다. 뿌리가 들기 시작하자 아주 새빨간 굵은 당근 뿌리가 땅 위로 조금씩 보이기 시작했다. 모두가 기뻐했다. 그런데 이게 웬일인가? 뽑아보는 뿌리마다 잔가지가 나 있었다. 그런 당근은 좋은 상품이 못 되었다. 모두 다 이러면 어쩌나 하고 가슴이 철렁했다. 제초 작업을 할 때 연한 당근 뿌리가 흔들리면 거기서 가지가 나는 줄을 몰랐던 것이다. 수확기가 차서 인부를 불러 당근을 뽑는데 거의 다 가지

난 당근이었다. 색깔도 좋고 맛도 일품이었지만 모양이 엉망이었다. 부산 농수산물시장에 갔더니 파치(깨지거나 흠이 가서 못 쓰게 된 물건) 상품 정도의 값어치밖에 쳐 주질 않았다. 당근 3천5백 평 값이 20만 원도 안 되었다. 차라리 감자를 심었으면 좋았을 텐데 하는 아쉬움이 남았다. 돈을 많이 벌려고 너무 욕심을 부렸던 것일까? 그 동안 고생해서 모은 자본을 다 날린 셈이 되었다. 동생 내외는 계속 목장 꿈을 버리지 못해 산에 남기로 했지만, 나는 부끄러운 모습으로 집에 돌아왔다.

> "마음의 경영은 사람에게 있어도 말의 응답은 여호와께로서 나느니라 사람의 행위가 자기 보기에는 모두 깨끗하여도 여호와는 심령을 감찰하시느니라 너의 행사를 여호와께 맡기라 그리하면 너의 경영하는 것이 이루리라"(잠언 16장 1-3절)

예수 믿는 일로도 미움을 많이 받는 상황에서 실패하고 돌아오니 가족들은 더욱 빈정거렸다. 하지만 나는 실패하고 내려오면서도 하나님께 감사했다. 하나님 안에서 지식과 연구를 했어야 했는데 농사일에 너무 무식했던 것이다. 동생 가정은 거기서 하나님의 축복 가운데 다시 목장을 일으켰다.

> "천하에 범사가 기한이 있고 모든 목적이 이룰 때가 있나니, 일하는 자가 그 수고로 말미암아 무슨 이익이 있으랴, 하나님이 인생들에게 노고를 주사 애쓰게 하신 것을 내가 보았노라"(전도서 3장 1절, 9절, 10절)

민망을 당한 구역 예배

다시 명장동 시댁으로 돌아온 이 후, 나는 집에서 가장 가까운 곳에 위치하고 있던 명장교회에 등록을 했다. 아직 세례도 받지 않았을 때였다. 구역 예배에 참석하기 시작했는데, 이 모임은 세상 친구들의 그것과는 달랐다. 말씀에 대한 큰 깨달음 같은 것은 없었지만 마음이 평안해지고 찬송과 기도를 하면 걱정이 덜어 지는 것을 느낄 수 있었다. 그래서 빠지지 않고 열심히 참석했다. 가족들의 신앙 문제와 고치지 못한 습관 등으로 가족들과 부딪히는 문제들을 놓고 서로 걱정하며 기도해 주었다.

"상심한 자를 고치시며 저희 상처를 싸매시는도다" (시편 147편 3절)

나도 어느새 마음이 열려 나의 고충과 감사 제목을 나누기 시작했다. 신앙생활을 시작하기 전에는 남편의 귀가 시간이 늦거나 가끔 외박을 할 때면 밤잠을 제대로 못 자고 근심과 배신감들로 괴로워 했었다. 그러나 이렇게 예수를 믿은 후 부터는 깊은 잠을 잘 수 있을 만큼 마음이 편안해졌다고 구역 식구들에게 이야기했다. 그 얘기를 듣고 있던 구역장님이 그건 절대 있을 수 없는 일이라며 딱 잘라 말씀하셨다. 자신은 죽으면 죽었지 결코 그 꼴을 볼 수 없다는 것이었다.

갑작스런 구역장님의 말씀에 그러면 내가 잘못된 것일까 하는 괜한 수치심이 들면서 부끄럽고 민망하기가지 했다. 괜히 이야기했다 싶기도 하고 다음 구역 예배에 참석하는 것도 꺼려졌다. 집에 돌아와 조용히 무릎을 꿇고 기도를 드렸다.

"하나님 오늘 구역 예배에서 마음이 상했어요. 내가 괜히 이야기를 했나 하는 생각이 듭니다. 하나님, 저는 이 평안을 분명 하나님이 주셨다고 믿었는데, 왜 구역장은 아니라고 할까요?"

마음 한 쪽에서 음성이 들렸다. "사랑하는 딸아, 마음 상해하지 말라. 네가 은혜를 크게 받았다. 구역 예배 참석을 두려워하지 마라. 잠잠하게 기다리면 더 큰 은혜와 축복이 있으니 오래 참고 기다려라." '아! 하나님의 음성이구나!' 그 음성에는 오히려 더 큰 평안과 기쁨과 위로가 있었다. 마음 상한 것이 사라지고 눈물을 닦으면서 울다가 웃는 어린아이처럼 기뻐했다. 남들이 알지 못하지만, 나는 예수님이 좋앗다. 아직은 잘 모르겠지만 멋진 분임은 분명한 것 같다.

> "어린아이들과 같이 되지 아니하면 결단코 천국에 들어가지 못하리라 누
> 구든지 이 어린아이와 같이 자기를 낮추는 그이가 천국에서 큰 자니라"
> (마태복음 18장 3-4절)

작은 아이에게 찾아온 죽음의 위기

작은 아이의 눈 위가 부석부석하게 부어올랐다. 약국에 갔더니 병원으로 가보라고 하기에 이웃 소아과에 갔더니 이번에는 큰 병원에 가서 진찰을 받아보라고 했다. 부산 메리놀병원으로 가서 진찰을 받았더니 입원을 하라고 했다. 마음의 걱정은 더해 갔다. 그러던 중 아이는 소변이 점점 줄어들고 목이 퉁퉁 붓게 되었다. 병원에서는 신증이라고 했다. 그것은 신장 양쪽의 기능이 상실되는 것이다. 단백질이 심각하게 빠져 버려서 소변이 우윳빛같이 되었다.

집에서는 며느리가 예수 믿어 벌을 받아 아이가 죽게 되었다고들 난리였다. 그래서 시부모님은 남편을 불러 내가 예수를 못 믿도록 야단을 치신 모양이다. 술이 약간 취한 남편은 병원으로 와서 내게 예수든, 남편이든 둘 중 하나를 선택하라고 했다. 순간 남편 때문에 병들

어 죽게 된 것을 예수님이 고쳐 주셨는데, 내가 왜 또 당신을 택하겠는
가 하는 생각이 들어 예수님을 택한다고 했다. 다음에는 자식을 택할
것인지, 예수님을 택할 것인지를 묻는다. 또 예수님이라고 했더니 남
편은 구둣발로 내 다리를 힘껏 차 버렸다. 금방 시퍼렇게 부어올랐다.

사실 그 때 나는 금식 기도 중에 있었다. 아들을 데려 가시려면 천
국으로 데려 가시고, 살려 주시려면 되도록 빨리 건강을 되찾게 해 달
라고 이틀째 작정기도를 하고 있었다. 금식 첫날, 아들의 소변이 깨끗
하게 되기 시작하기에 마음속으로 얼마나 하나님께 감사를 드렸는지!
담당 의사도 이럴 수가 있는가 하며 고개를 갸우뚱거렸다. 약의 효과
가 굉장히 빠르다는 것이다. 3일 금식을 마친 뒤, 아들은 그로부터 일
주일 후에 퇴원을 했다.

하지만 여전히 정기적으로 치료를 받아야 했다. 의사는 처방대로
하지 않으면 크게 위험해질 수 있는 상태라고 말해 주었다. 더 이상
다른 치료약은 없고, 온몸에 저항력이 떨어져 합병증이 오기 쉽다고
했다. 나는 머릿속이 멍해지기 시작했다. 감기나 수두를 앓을 때도 입
원을 했는데 열이 떨어지지 않아 너무나 고생을 했다. 퇴원 후에도 계
속 치료를 받아야 하고, 감기나 수두 같은 병에도 입원을 해야 하니
앞날이 캄캄하기만 했다.

그러던 중 어느 날 가야교회의 한 집사님을 만났다. 사정을 얘기했
더니 집사님의 아이도 우리 아이와 똑 같은 병을 앓았다는 것이다. 초
등학교 5학년까지 학교도 제대로 다니지 못하고 고생을 하다가 하나
님께서 치료하여 주셔야 완벽하게 치료될 것임을 확신하면서 병원의

모든 치료를 거부했다고 한다. 그리고 기도 가운데 완치가 되어 이제 소풍도, 운동회도 마음대로 뛸 수 있게 되었다는 것이다.

사실 속으로는 나도 믿음으로 싸워 볼까 하던 중이었는데, 집사님의 말을 들으니 용기가 났다. 아들이 계속 복용하고 있던 것은 조그만 하얀 알약이었는데 아마도 이 약이 몸의 면역을 약하게 하는 것 같았다. 만약 복용을 멈춘다면? 자칫하다간 병원 신세를 면할 수 없게 될 수 있을 만큼 위험한 행동임을 알고 있었다. 그러나 나는 용기를 내어 독약처럼 느껴지던 그 약을 쓰레기통에 던져 넣고, 다음날 새벽부터 기도하기 시작했다. 하나님께서 죽음에서 건지셨으니 건강한 몸으로 살게 해달라고 매달리며 쉬지 않고 기도했다.

기적처럼 아이는 점점 건강해졌다. 유치원에서 소풍을 가도, 아무리 뛰어놀아도 아프지 않았다. 초등학교와 중학교를 다니는 동안에도 마음껏 뛰놀 수 있었다. 고등학교를 졸업하고 신검을 받을 때도 갑종 신체 등급을 판정받아 군대 생활을 건강하게 마쳤을 뿐만 아니라 대학 시절엔 무거운 짐을 나르는 아르바이트를 하기도 했다. 또한 현재 직장 생활도 잘하고 있다. 지금도 아들은 가끔 소변 색깔이 노랗기만 하면 자신의 신앙생활을 돌아보곤 한다.

건강하고 씩씩한 모습을 볼 때마다 하나님께 감사하며 눈물을 주체할 수 없을 때도 있다. 병마를 통해 아들을 시험하시고, 아브라함 같은 믿음을 주신 하나님께 감사를 드린다. 하나님은 이 체험을 통해 자녀들은 나의 자녀이기 전에 먼저 하나님의 자녀임을 알게 하셨다. 그로 인해 나는 더욱 조심스럽게 자녀들을 양육하려 애쓰게 되었다.

하나님은 내게 세상이 감당치 못할 믿음과 위로를 주셨다. 아들도 3살 때 등에 업혀 교회 나온 이후로 지금까지 하나님 안에서 살고 있다. 군대 생활을 하는 동안 아들은 많은 체험을 겪는 축복을 받았다. 또 하나님은 하나님의 살아 계심과 주관하심을 믿을 수 있도록 은혜를 부어 주셨다. 앞으로도 내가 처음 교회에 나와 아들을 위해 기도했던 것처럼 하나님의 기쁨이 되는 가정을 이룰 수 있기를, 평생에 하나님의 은혜를 잊지 않고 영광 돌리며 살기를 소원한다.

"우리가 섬기는 우리 하나님이 우리를 극렬히 타는 풀무 가운데서 능히 건져내시겠고 왕의 손에서도 건져내시리이다. 그리 아니 하실지라도 왕이여 우리가 왕의 신들을 섬기지도 아니하고 왕의 세우신 금 신상에게 절하지도 아니할 줄을 아옵소서"(다니엘 3장 17-18절)

제사 진행 중 옥상에서 기도하다

제삿날이면 시장에 가서 제물을 사는 일은 온전히 내 몫이다. 시장에서 보통 찬거리를 살 때면 어떻게 부모님의 진짓상을 즐겁게 할까 하고 기쁘게 장을 보는데, 제수를 준비할 때면 귀신을 섬기는 일에 동참하는 것 같아 죽을 듯이 마음이 괴로웠다. 이 귀신 숭배 때문에 하나님의 진노가 임하여 죽었다가 주의 긍휼로 인하여 살아난 나로서는 너무나 괴로운 일이었다.

여러 가지 제물을 힘겹게 들고 와 다용도실에 던져두고 눈물을 흘리며 탄식을 하다 문득 생각이 달라졌다. 모든 제물을 빨리 준비해서 먼저 하나님 받으시도록 기도를 해야겠다는 생각이 든 것이다. 생각이 바뀌게 되니 힘이 솟아났다. 모든 것이 준비된 후 식구들이 다른 방에서 이야기하고 있을 동안 문을 닫고 제물을 부지런히 차려놓았

다. 그리곤 그 앞에서 눈을 뜨고 간절히 기도했다. "만물이 주의 것이
니 하나님 먼저 받으시고 여기 절하는 모든 사람이 구원받을 수 있도
록 축복해 주세요." 눈을 감고 기도하다가 식구들에게 발견되면 시끄
러우니깐 부딪히지 않는 방법을 썼다. 또 식구들이 엎드려 절을 하기
시작하면 몰래 옥상에 올라가 기도를 했는데 머리끝이 쭈뼛쭈뼛 서는
것 같았다. 온 가족이 우상 숭배를 버리고 하나님의 축복된 자리로 나
아오는 그 환상을 꿈꾸며 뜬눈으로 기도했다.

> "하나님은 곤고한 자를 그 곤고할 즈음에 구원하시며 학대당할 즈음에
> 그 귀를 여시나니 그러므로 하나님이 너를 곤고함에서 이끌어 내사 좁지
> 않고 넓은 곳으로 옮기려 하셨은즉 무릇 네 상에 차린 것은 살진 것이 되
> 었으리라"(욥기 36장 15-16절)

그 후 몇 년을 못가서 한 사람, 한 사람씩 하나님께 돌아오게 되었
다. 물론 제사도 아버님이 예수 믿고 난 후로 없어지게 되었다. 작은
댁 아버님은 제사를 없앴다고 우리 집으로 오시지 않았다. 때가 되
면 다시 화목하게 되겠지만 귀신을 섬기는 일만큼은 허락할 수 없었
다. 이런 일로 인하여 여러 가지 고통이 따랐지만, 하나님 앞에 저주
받는 일을 자식들에게 물려줄 수는 없었기 때문이다. 이 문제에 대
해서는 성경의 레위기 26장, 신명기 8장, 신명기 28장 등 이외도 성
경 여러 곳에서 말씀하고 있다. 이는 죽느냐 사느냐 하는 생사가 달
린 문제였다.

굿 하던 날

추운 겨울 어머님이 감기가 심하게 드셨다. 목소리도
제대로 나오지 않고 호흡이 거칠어져 몹시 힘들어하셨
다. 매일 병원 치료를 받았지만 20일 넘게 치료를 받아도 별 차도가
없었다. 어머님의 생활 행태를 관찰해 보니 목욕을 하실 때면 온탕과
냉탕에 번갈아 들어가시고 냉수를 많이 드시는 편이었다. 게다가 집
에서 머리를 감으실 때면 웃옷을 다 벗고 감곤 하셨다. 그렇게 하면
찬바람을 계속 쐬어 병세가 더욱 심해 진다고 아무리 설명을 드려도
듣지 않으셨다.

급기야 병원에 가도 낫지 않는다고 점쟁이를 찾아 점을 치셨다. 어
디선가 목신이 붙어서 굿을 해 풀어 줘야 한다는 이야기를 듣고 오신
것이다. 벌써 점쟁이와 날까지 잡아서 오셨다. 나는 너무 속이 상하고

답답했다. 하나님께 굿을 하지 못하게 막아달라고 기도했지만 응답을 주시지 않았다.

정말 괴롭고 괴로운 굿하는 날이 되었다. 참석하고 싶진 않았지만 어머님이 움직이기 불편하시니 어쩔 수 없이 뒷바라지를 해드려야 했다. 그러나 수발을 드는 내내 마음속으로 대적 기도를 하는 한편, 슬그머니 오늘 굿이 어떻게 될까 궁금해지기도 했다. 무당 두 사람이 왔다 갔다 하면서 귀신들을 달래는 여러 가지 준비를 했다. 그 중에 죽은 조상들을 극락으로 보낸다고 흰 천 위에 배를 만들고 짚으로 만든 사람 인형같은 것을 태우면서 염불을 했다. 그리고 무슨 강인지는 모르지만 건너는 흉내를 내며 돈을 걸어야 갈 수 있다고 했다. 내가 믿지 않을 때는 생각 없이 지나갔지만 예수를 믿고 영적 분별을 하게 되니 귀신들의 빤한 거짓말이 드러나 보였다. 내가 시집을 와서 여러 번 굿을 했지만, 굿을 할 때마다 극락에 보낸다고 한다. 어떻게 지난번과 그 전에 극락으로 보낸 것을 또 보낸다는 것일까? 새빨간 거짓말을 하는 데도 속아서 하고 또 하는 사람들이 너무나 안타까웠다.

> "너희는 너희 아비 마귀에게서 났으니 너희 아비의 욕심을 너희도 행하고자 하느니라 저는 처음부터 살인한 자요 진리가 그 속에 없으므로 진리에 서지 못하고 거짓을 말할 때마다 제 것으로 말하나니 이는 저가 거짓말쟁이요 거짓의 아비가 되었음이니라" (요한복음 8장 44절)

무당 두 사람은 북을 두드리면서 염불을 하기 시작했다. 그런데 갑자기 한 사람이 목이 막혀 염불을 외지 못하는 것이다. 오늘따라 이집이 이상하다고 하면서 헤매고 있었다. 큰며느리가 예수 믿는 줄 아니깐 며느리를 쫓아낼 수도 없고 자신들이 부리는 귀신이 나와 함께한 천사들 앞에서 꼼짝도 못하는 것을 말도 못하고 난감한 처지에 놓였다. 돈은 벌어야겠고 굿은 안 되니 혼쭐이 나고 있었다. 그러나 한 사람은 귀신의 힘으로 굿을 하는 것이 아니라 자작 염불을 하니 귀신과 상관없이 줄줄 외워서 잘하고 있었다.

굿을 하는 주인이나 무당들이나 모두 불쌍하고 안타까웠다. 하나님 앞에서 꼼짝 못하고 쫓겨난 타락한 천사들이 죽은 조상들의 모습으로 탈을 쓰고 나타나 예수 믿지 않는 가정들을 속이고 있었다. 복주겠다는 빌미로 제사를 받고 귀신을 숭배하게 하여 하나님을 만나지 못하도록 방해하는 것이다. 그들은 귀신들린 무당이나 점쟁이 앞에 조상들이 살아서 생활했을 때의 모습을 그대을 그대로 흉내 낸다. 목소리와 행동을 똑같이 흉내 내고, 장애인이면 장애인 모습까지 흉내를 내니 속을 수밖에 없지 않겠는가?

예전에 예수님을 믿지 않을 때는 분별이 없어 믿어야 할지 말아야 할지 분간할 수 없었고, 귀신이 있는 것 같기도 하고 없는 것 같기도 했다. 귀신이 과연 우리 조상인가 하며 의문하고 살아온 어리석음에서 해방되어 말씀을 통해 귀신들의 간교한 정략들을 알고 나니 너무나 감사하고 속이 시원했다. 그날 하나님께서는 굿을 막지 않고 허락하심을 통해 귀신의 정략을 다시금 알게 해 주신 것이다.

그 때의 굿이 우리 집안에서는 마지막이 되었다. 지금도 그 때 일

을 허락하신 하나님께 감사와 영광을 드린다. 이미 이십 년 전의 일이
지만 지금도 가끔 그 때를 잊지 못하고 아무도 없는 강대상 앞에서 혼
자 춤을 추며 찬송을 드린다.

"만일 우리 복음이 가리웠으면 망하는 자들에게 가리운 것이라. 그 중에
이 세상 신이 믿지 아니하는 자들의 마음을 혼미케 하여 그리스도의 영광
의 복음의 광채가 비취지 못하게 함이나"(고린도후서 4장 3-4절)

"불의의 모든 속임으로 멸망하는 자들에게 임하리니 이는 저희가 진리의
사랑을 받지 아니하여 구원함을 얻지 못함이라 하나님이 유혹을 저의
가운데 역사하게 하사 거짓 것을 믿게 하심은 진리를 믿지 않고 불의를
좋아하는 모든 자로 심판을 받게 하려 하심이니라"
(데살로니가후서 2장 10-12절)

3.
온 가족이 구원을 얻기까지

"가로되 주 예수를 믿으라 그리하면 너와 네 집이 구원을 얻으리라 하고"(행 16:31)

막내 시동생이 믿음의 가정을 이루다
시누이의 가정이 신앙으로 서기까지
큰 여동생 가정의 시련과 구원 성취
작은 여동생 가정의 아름다운 기도 응답

막내 시동생이 믿음의 가정을 이루다

내가 시집을 올 때 즈음 막내 시동생은 초등학교 2학년 겨울방학을 맞고 있었다. 그랬던 시동생이 어느새 장성하여 결혼할 나이가 되었고, 내가 다니던 명장교회에 등록하여 청년회에서도 활발히 활동했다. 교회와 집이 가까워 청년회 모임을 우리 집에서 자주 갖곤 했는데, 그럴 때면 우리 아이들과 학생들로 한 방이 가득 찼다. 상상하지도 못할 축복이었다. 내 눈 앞에 보여지는 상황으로 인해 하나님께 감사와 영광을 드렸다. 이게 꿈인가 생시인가 생각할 정도였다.

시동생이 직장을 다닐 무렵, 나는 매일 아침마다 일찍 밥을 지어 직장에 보낼 준비를 했다. 하나님이 물질 축복도 많이 해주셔서 식구들을 더욱 즐겁게 섬길 수 있게 된다면 얼마나 좋을까? 하지만 하나님은 무슨 뜻인지 내가 알 수 없는 가난과 싸우게 하셨다. 늘 아침 식탁의 반찬이 시원찮았다. 내가 아무리 정성을 다해 준비한다 해도 보잘것없는 식탁이었다. 아침에 일어난 시동생은 식탁을 둘러보고는 숟가락도 뜨지 않고 그냥 나가 버린다. 이를 보시고 어머니는 "먹도록 해 줘야 먹을 것 아이가? 아침을 굶고 어떻게 일을 하노?"하며 가슴을 찌르는 말씀을 하신다.

시동생뿐 아니라 시어른 밥상과 아이들의 도시락, 이 모두가 나에게는 중요했다. 그러나 남편의 수입이 일정하지 않아 힘겨운 살림에다 심지어 아이들 교통비도 없어 발을 구르는 형편이었다. 어머님의 화살을 맞고 나니 구원받은 감사는 떠나가고 분노와 답답한 가슴이 터질 것만 같았다. 어머님의 한 말씀으로 인해 사람에게 분노하게 되었다. 출근하는 시동생의 뒷모습을 바라보니 욕이라도 나올 것만 같았다. 그 순간 대신 축복이라도 하자 싶어, "에라, 축복이나 받아라!"라고 속으로 소리쳤다. 번번이 이런 일이 있을 때마다 반복해서 축복했다. 이상하게도 분노했던 마음은 금방 사라지고 마음에 평강이 넘치고 분노와 싸워 이긴 승리의 기쁨이 가득했다. 마귀가 패배를 당한 것이다. 그러나 또 무엇으로 도전해 올지 모른다.

> "혀는 능히 길들일 사람이 없나니 쉬지 아니하는 악이요 죽이는 독이 가득한 것이라"(야고보서 3장 8절)
> "생명을 사모하고 장수하여 복받기를 원하는 사람이 누구뇨 네 혀를 악에서 금하며 네 입술을 궤사한 말에서 금할지어다 악을 버리고 선을 행하

그 후 시동생이 결혼을 하게 되었다. 신부는 믿음이 좋은 자매였다. 사실 결혼할 형편이 아니었지만, 하나님의 은혜로 결혼식을 할 수 있게 되었다. 그리고 하나님께서 아들과 딸을 주셨고, 축복된 가정을 이루게 되었다. 시동생은 교회 차량 운행 봉사도 하며 열심히 주님과 교회를 섬겼다.

사업을 하는 시동생에게도 번번이 어려움이 닥쳐왔다. 어느 날은 날벼락같이 점포 주인이 공장으로 쓰고 있는 점포를 비워 달라고 했다. 난감해진 시동생이 이리저리 둘러보고는 한 쪽 벽을 잡고, "하나님, 제 성질 급한 것 알지요? 빨리 주이소! 급합니다!" 그렇게 기도한 후 나에게 달려와서, "형수요, 내 이렇게 기도하고 왔어도요, 몇 년 안에 꼭 들어 주시겠죠?" 한다. 아닌 게 아니라 하나님께서 며칠 후 응답을 주셨다.

가정 형편도 어려움이 많았다. 거기다 교회에서 좋지 않은 일이 있었던 모양이다. 가정도 어려운 데 교회에서도 어른 싸움에 자식 같은 어린양들이 상처를 받고 가정도 어려운 데다 힘겨워하는 모습이 안쓰러워 울며 기도하지 않을 수 없었다. 예수님 영접하기도 힘든 가정에서 귀한 믿음을 선물로 받았는데 시험당하는 모습이 너무나 안타까웠다.

우리 가족 남자 중에 집사 직분을 제일 먼저 받으면서 형님이 먼저 받을 것을 대신 받아 죄송하게 생각하던 시동생이 아니었던가. 하루

빨리 뜨거운 믿음 생활이 회복되고 가정의 어려움도 빨리 끝나기를 간절히 기도하고 있다. 그 와중에도 시동생은 어려운 가운데에서도 부모님을 잘 공경하여 즐겁게 해드렸다. 도리어 어려운 내색은 하지 않고 꿋꿋하게 살아가는 막내 시동생이 사랑스럽다. 아버지께 물려받은 재산을 큰형님이 다 날려버려도 아직 원망하지 않으니 참으로 감사했다.

"내가 내 마음에 죄악을 품으면 주께서 듣지 아니하시리라"
(시편 66편 18절)
"모든 사람으로 더불어 화평함과 거룩함을 좇으라 이것이 없이는 아무도 주를 보지 못하리라 너희는 돌아보아 하나님 은혜에 이르지 못하는 자가 있는가 두려워하고 또 쓴 뿌리가 나서 괴롭게 하고 많은 사람이 이로 말미암아 더러움을 입을까 두려워하고" (히브리서 12장 14-15절)

시누이의 가정이 신앙으로 서기까지

한 명 뿐인 우리 시누이가 결혼을 하고 애기를 낳았다. 결혼할 당시 시매는 세관공무원 시험 준비를 하고 있었다. 남편이 직장을 나가지 않는 상태라 시누이 가정은 시댁에 신방을 차렸다. 대가족이 함께 살아가려니 여러 가지로 힘들었지만 시누이는 잘 참고 견디었다. 남아있는 집도 있고, 넓은 땅도 있는데 아무리 시집 간 딸이라지만 다 같은 자식인데 좀 챙겨 주었으면 하고 생각했다. 하지만 아버님과 남편은 거기에 대해 그다지 생각하고 있지 않는 것 같아 말을 꺼낼 수가 없었다. 시누이도 말은 못하고 속으로 얼마나 서운하게 생각했을까?

나도 재물에는 별로 관심이 없었다. 시누이에게 그보다 더 중요한 것은 하나님을 만나는 것이라 생각하여 틈만 나면 전도 했다. 마침 남

편의 시험을 앞둔 시누이인지라 행여나 붙잡는 심정으로 교회에 등록
했다. 시매가 준비하는 세관 7급은 그리 만만치 않은 것이었다. 그럴
수록 최선을 다하는 시매의 모습이 참 고마웠다. 시누이와 나는 열심
히 기도했고, 하나님은 합격으로 응답해 주셨다. 시누이는 자신이 올
려드린 기도를 응답해 주신 하나님께 감사를 드렸지만, 시매는 불신
자라 하나님의 손길과 그 은혜를 깨닫지 못했다. 그렇다고 예수님을
반대하거나 핍박하지는 않았다. 성경에서 말하는 윤리와 도덕은 인
정하나 인격이신 하나님과 그분의 이적은 믿지 않았다.

그 후 시누이는 부산 구서동으로 이사했다. 그 곳에서도 한동안 교
회를 나갔다. 하지만 남편의 성실한 직장 생활을 통해 경제 사정이 안
정되면서 하나님과 점점 멀어져갔다. 너무도 안타까웠다. 형통의 축
복을 받았을 때 감사함으로 이웃을 돌아보는 주님의 섬김이 있으면
좋으련만 …. 그것도 안타까웠지만 시누이의 어린 아이들도 신앙 교
육의 때를 놓치는 것이 안타까웠다. 물질과 건강 그리고 자녀의 축복
가운데 그보다 더 큰 축복인 믿음의 축복이 점점 사라지고 있었다.

> "너는 하나님의 하신 일 찬송하기를 잊지 말지니라 인생이 그 일을 노래
> 하였느니라 그 일을 모든 사람이 우러러 보나니 먼 데서도 보느니라 하나
> 님은 크시니 우리가 그를 알 수 없고 그 연수를 계산할 수 없느니라"
> (욥기 36장 24-26절)

하나님께서는 그의 사랑하는 자녀를 그냥 버려두지 않으셨다. 시

매가 다른 일을 해보려고 열심히 준비하고 시작했지만 모두 실패로 돌아갔다. 그리고 아이들이 대학문에 들어서게 되면서 돈이 더욱 필요할 때에 경제 사정이 어렵게 되었다. 남편을 원망한들 소용 없었다. 경제생활이 다급해진 시누이 주변에 믿음이 좋으신 집사님들이 돌봐주시도록 했는데, 점차 신앙이 회복되면서 하나님을 만나게 되었다. 그리고 기도 없이 살 수 없는 사람으로 바뀌게 되었다. 남편이 교통사고를 7번이나 당했다. 다행히 심하게 다치지 않아 곧 회복되었다. 그런 일을 겪어도 시매는 하나님의 권능을 믿지 않았다. 그렇게 하나님은 시누이네 가정을 위해 23년을 기도하게 하셨다.

이제 시누이가 나와 우리 가족을 위해 기도하고 있다. 시누이네 가정이 어려울 때 우리는 잘 살면서도 도움이 되어 주지 못했다. 또 시누이네 가정이 잘 살 때는 우리가 어려웠다. 우리는 서로 도움이 되지 못하였던 것을 회개하고, 내가 가졌을 때 돌아보지 못했던 것을 서로 미안하게 생각하면서 위로하고 사랑을 나누며 살아가고 있다.

> "가난한 자를 불쌍히 여기는 것은 여호와께 꾸이는 것이니 그 선행을 갚아 주시리라"(잠언 19장 17절)
>
> "귀를 막아 가난한 자의 부르짖는 소리를 듣지 아니하면 자기의 부르짖을 때에도 들을 자가 없으리라"(잠언 21장 13절)
>
> "가난한 자를 진토에서 일으키시며 궁핍한 자를 거름 무더기에서 드셔서 방백들 곧 그 백성의 방백들과 함께 세우시며"(시편 113편 7-8절)

이십여 년 동안 기도해도 구원의 응답이 없어 사람의 마음으로는 낙망할 수밖에 없었지만, 성령께서 포기하지 않으시니 나도 포기할 수 없었다. 하나님의 계획은 누구도 바꿀 수 없다. 생명을 주신 하나님께 감사와 영광을 드린다. 요즘은 시누이와 만나서 하나님의 섭리와 사랑과 역사하심에 대한 이야기들을 나눌 수 있어 너무나 기쁘다.

큰 여동생 가정의 시련과 구원 성취

어느 날 날벼락같이 큰 여동생의 남편이 간암이란 선고를 받게 되었다. 피부색이 노랗게 변하더니 점점 까맣게 변하고 복수가 차서 여자들의 임신한 배처럼 부어올랐다. 어떻게 이런 시련을 주시는 것인지 당황스러웠다. 이제 막 교회를 나가기 시작해 한창 축복을 받게 되리라 기대하고 있었는데 ….

얼마전까지 나는 큰 여동생을 전도하기 위해 기도하고 있었다. 그러던 차에 마침 동생 가족이 부산 수안동에서 명장동으로 이사오게 되어 내가 얼마나 기뻐했는지 모른다. 나는 더욱 적극적으로 기도하며 전도했고, 듣는 둥 마는 둥 고개만 끄떡이던 동생은 마지못해 교회에 등록을 했다. 차츰 마음이 울리고 믿음이 성장할수록 새벽마다 동생을 위해 중보기도를 올렸다. 언제부터인가 하나님께서 응답을 주셔

서 눈에 보이게 믿음이 성장하기 시작했다. 뿐만 아니라 동생의 남편
도 처음에는 반대하더니 얼마 가지 않아 예수님을 영접하고 구원받게
되었다. 동생은 몇 년 동안 많은 사람들을 전도했다. 심지어 시댁의 작
은 형님까지 전도하여 한 교회를 섬기게 되었다. 그런 큰 여동생의 가
정에 이 무슨 시련인가!

"하나님! 말씀에 순종하며 살겠다고 열심을 다하는데 왜 이런 일이
닥치게 됩니까? 우리의 삶이 비록 연약하여 허물이 많지만, 주님은 용
서해 주신다고 하셨잖아요? 우리를 용서하시고 불쌍히 여겨 주세요!"

간절히 기도하는 가운데 주님의 음성이 들려왔다.

"사랑하는 딸아, 슬퍼하지 마라. 동생 남편은 얼마 가지 않아 나를 부
인하게 될 것이다. 그러기 전에 연약한 믿음이라도 구원 받을 수 있는
지금이 그 영혼에게 유익이다. 네 동생은 앞으로 전도사가 되어 많은
사람을 하나님 앞으로 인도하고 연약한 성도들을 섬기게 될 것이다."

> "주는 계신 곳 하늘에서 들으시고 사유하시며 각 사람의 마음을 아시오
> 니 그 모든 행위대로 행하사 갚으시옵소서 주만 홀로 인생의 마음을 다
> 아심이니이다" (열왕기상 8장 39절)
> "저는 일반의 마음을 지으시며 저희 모든 행사를 감찰하시는 자로다"
> (시편 33편 15절)

"하나님, 그 형제분들 중에 불신자가 많은데, 예수 믿고 이런 일을
당했다고 조롱을 받습니다. 한번 기적을 보여 주셔서 하나님의 살아

계심을 보여 주세요."

그리고나서 담임 목사님, 장로님과 온 성도님들이 함께 힘을 모아 기도하자 회복의 역사가 시작되었다. 서서히 복수가 빠지고 메말랐던 온 몸에 살이 오르고 병들지 않을 때보다 더욱 건강해졌다. 하나님께 영광을 돌렸고, 지금도 그 때 일을 생각하면 힘써 기도해 주신 모든 분들의 도움에 감사하는 마음을 잊을 수 없다.

그런데 여동생의 남편은 몇 개월 못 가서 돈 버는 일을 너무 사랑한 나머지 신앙생활이 흔들리게 되었다. 헌금에 수요예배를 드리는 깃까지 서부하더니 나중에는 아내의 신앙생활까지 제한했다. 지난날 투병생활에서 치유 받은 은혜를 잊어버리고 거의 다 낫게 되니 하나님의 은혜를 인정하지 않았다. 심지어 하나님을 부인하기까지 했다. 그래도 일 년까지는 아주 건강했었다.

하나님께서 그냥 계시지 않았다. 일 년쯤 지났을 무렵, 어느 날 피를 토하고 쓰러졌다. 다시 병원에 갔는데, 목에 실핏줄이 터져서 피가 솟아나왔다고 했다. 여동생의 남편은 그 자리에서 겁에 질려 무릎 꿇고 회개를 했다. 그 뒤로도 두 번을 반복하더니, 세 번째는 병원에 가기 전에 목사님 앞에서 신앙고백을 하고 예배를 드린 후 병원으로 갔다. 동생도 하나님께서 데려가실지 모른다는 생각이 들었기 때문이다. 결국 그 날 밤 병원에서 모든 가족들을 만나본 후 아내의 품에서 하나님을 사랑하고 아내를 사랑한다는 마지막 말을 남기고 숨을 거두었다.

이 모든 일들이 하나님의 세세한 간섭하심과 뜻 가운데 이루어짐을 믿는다. 예수님을 부인할까봐 믿음이 있을 때 하나님이 데려 가셨다고 생각했다. 하나님은 우리가 이 땅에서 믿음 가운데 행복하게 살아가는 것을 기뻐하신다. 그러나 하나님을 떠나 지옥으로 가는 것을 더 불쌍히 여기셔서 남편을 잃고 아빠를 잃어 외롭고 쓸쓸한 모습으로 남게 될 가족들에 대해 마음 아파하시면서도 그 영혼을 건지셨던 것이 아닌가 생각한다.

가족들은 한동안 힘들어 했지만 영원한 천국에서 만날 소망을 가지고 새 힘을 얻었다. 남편 대신, 또 아빠 대신 하나님께서 얼마나 감싸 주시고 위로와 평안을 주셨는지 그렇게 힘들어 보이지는 않았다. 또한 동생이나 어린 조카들을 누가 손대지 못하도록 늘 내 눈으로 지켜보고 도우면서 살아가게 하셨다. 그 후 하나님께서는 동생이 신학 공부를 마치고 전도사로서 교회를 섬기도록 축복하셨다. 아들과 딸 그리고 다섯 살 난 조카까지 데려와서 키웠다. 아이들은 어려운 사춘기를 보내는 과정에서 많이 힘들어 하기도 했다. 그러나 그 어머니의 눈물 기도를 하나님께서 결코 외면하지 않으신 은혜로 지금은 잘 자라 어엿한 대학생들이 되었다. 그 자녀들도 매일 새벽기도와 밤 기도를 쉬지 않는 신실한 하나님의 자녀가 된 것이다. 어려움이 있을 때면 더욱더 하늘 보좌의 움직임을 우리의 눈으로 볼 수 있을 때까지 네 자매가 모여 함께 기도하고 감사를 드렸다.

"하나님이 처음부터 너희를 택하사 성령의 거룩하게 하심과 진리를 믿음으로 구원을 얻게 하심이나"(데살로니가후서 2장 13절)

작은 여동생 가정의 아름다운 기도 응답

나의 작은 여동생은 불교와 유교를 깊이 신봉하시는 시부모님들이 계신 곳으로 시집을 갔다. 시아버님이 택시 회사를 운행할 당시는 절을 지을 만큼 많은 시주를 했던 집안이다. 그러나 지금 그 회사는 온 데 간 데 없고 추억으로만 남았다.

나는 예수님을 믿은 이후로 시댁이든 친정 가족이든 모든 영혼이 구원을 얻게 해 달라는 기도를 하루도 빠짐없이 올려 드렸다. 마침 작은 여동생도 둘째 아이를 배고 있을 때, 명장동으로 이사를 오게 되었다. 너무 기뻐서 기다릴 것도 없이 찾아가 전도를 했더니 이내 내가 다니는 명장교회에 등록을 하고 구역 예배에도 열심히 참석했다. 동생은 틈만 나면 집에서 열심히 기도하고 말씀도 매일 보며 묵상했다. 하나님께서 큰 은혜를 주셔서 이렇게 신실하게 예수 믿게 하심을 감사드렸다.

　동생이 시부모님의 구원을 두고 열심히 기도하던 중 시어머님이 고혈압으로 쓰러지셨다. 깨어나신 후에도 말씀은 전혀 하시지 못하고, 겨우 의식이 회복되어 의사소통만 가능할 정도였다. 전화위복의 은혜로 동생이 간호하면서 열심히 전도한 결과, 드디어 시어머님이 예수를 영접하고 믿게 되었다. 끝내 자리를 털고 일어나지 못하셨지만, 하나님 아버지의 나라에서 예수님의 품에 안기시게 된 것을 진심으로 감사드렸다.

　그 후, 동생은 둘째 며느리이지만 홀로 남으신 시아버님을 모시기 위해 부산 대신동으로 다시 이사가게 되었다. 그 길로 동생은 구덕교회에 등록하고 그곳에서 열심과 뜨거운 마음을 받아 이웃 전도에도 힘썼다. 동생은 특별히 시댁 가족들 전도에 매달리기 시작했다. 예수 믿지 않는 시동생들이지만, 믿는 집안과 결혼하여 예수 믿는 동서를 보게 해달라는 배짱 좋은 믿음의 기도를 드렸다. 헌데 믿지 않는 집안과 혼사가 거의 이루어질 것 같다는 실망스러운 이야기가 들려왔다. 그래서 나와 큰 동생이 함께 더욱 힘써 기도했다. 결국 하나님께서 핸들을 돌리셨다. 시동생은 장로님 딸과 결혼하게 된 것이다.

　　"세례 요한의 때부터 지금까지 천국은 침노를 당하나니 침노하는 자는 빼앗느니라"(마태복음 11장 12절)

　결혼하기 전에는 시동생이 전도를 해도 한 귀로 듣고 다른 한 귀로

다 흘려버리기만 해서 답답했었는데, 결혼한 후에는 부인과 함께 교회에 등록하고 열심히 신앙생활을 하면서 교사도 하고 여러 중직에서도 충성하게 되었다.

작은 여동생은 딸이 둘이었는데, 또 임신을 하게 되었다. 이번에는 아들이었으면 하는 맘이 들었다. 하지만 하나님께서 이미 예정하시고 주신 아이니 아들이든 딸이든 하나님 앞에서 사랑받는 건강한 아이가 되기만을 새벽마다, 또 동생 집에 들를 때마다 배에다 손을 얹고 기도했다.

기도와 관심 가운데 태어난 셋째는 예쁜 여자 아이였다. 온 가족의 사랑을 받은 아이는 점점 자라면서 모든 주위 사람들에게도 사랑을 받았다. 유치원에 다니면서 성품이 드러나기 시작했다. 무엇이든 좋은 것이 있으면 친구에게 주고, 학교에서 어려운 친구들을 위로하고 특별히 집단 따돌림을 당하는 친구들에게 친구가 되어 주었다. 신앙생활도 곧잘 하면서 하루의 시작을 성경 읽기로 시작하고 공부나 피아노 반주하는 것에나 게으르지 않아 어디에서든 사랑을 톡톡히 받았다.

나는 그 아이가 기도의 응답인 것을 처음엔 느끼지 못했다. 그런데 차츰 동생 부부나 큰 아이들과는 다른 특별한 성품을 가진 것을 발견하면서 그 아이가 뱃속에 있을 때 했던 기도가 생각이 났다. 하나님 앞에, 사람 앞에 사랑받게 해달라고 기도 했더니 사랑 받을 수 있는 성품의 축복을 주셨던 것이다.

작은 동생은 교통사고로 몸이 불편하신 시아버님을 모셨다. 시아버님은 여러 가지로 까다로웠지만, 특히 음식 부분에서는 더욱 심하셨다. 영양식을 하셨는데, 비타민 A, B, C 에서부터 식탁에 어떤 영양식이 빠졌다고 말씀하시기도 하고, 멸치는 몇 센티미터가 칼슘이 제일 많고 부드러우니 그것만 준비하라고 하시고, 생선, 야채, 해초, 보신탕, 한약, 민물장어 등 몸에 좋다는 것은 할 것 없이 다 챙기셨다. 이래저래 맞추어 드리기가 너무 힘겨웠지만, 그래도 복음을 전하기 위해 눈물을 몰래 감추고 수종을 드렸었다. 동생은 육체로부터 정신 교육까지 많은 연단을 받게 되었다. 시아버님은 마침내 소천하셨고 동생이 그 동안 고생한 것이 안쓰러웠지만 모든 일에 참고 견디는 좋은 일꾼으로 말없이 교회를 섬기는 아름다운 모습이 되게 하신 하나님께 감사드렸다. 나아가 모든 가족들이 예수 그리스도 앞에 나아오도록 축복하셨다. 큰 딸은 하나님의 축복으로 훌륭한 목회자와 결혼을 하게 되었다. 시아버님을 공경하느라 고생했지만, 그 아버님께서 축복하신 축복을 이제 응답 가운데 우리의 눈으로 보게 하셨다. 하나님께 무엇으로 다 감사할 수 있을까?

"구하는 이마다 얻을 것이요 찾는 이가 찾을 것이요 두드리는 이에게 열릴 것이니라"(마태복음 7장 8절)

4.
멈출 수 없는 전도의 열정

"너는 말씀을 전파하라 때를 얻든지 못 얻든지 항상 힘쓰라
범사에 오래 참음과 가르침으로 경책하며 경계하며 권하라"(딤후 4:2)

욱이 할아버지는 하늘 나라로

제사떡으로 전도하다

나도 예쁜 옷 입고 교회 가 보았으면 했는데

37년 전엔 나도 집사였소

죽음 앞에 놓인 백혈병 아주머니

숨 쉬는 영혼에게 복음을

욱이 할아버지는 하늘나라로

욱이 엄마는 큰 여동생의 인도로 교회에 등록했다. 그리고 내가 맡은 구역의 소속이 되었다. 욱이 엄마는 예배에 잘 참석하면서 말씀의 은혜를 많이 받았다. 그러나 그것도 잠깐이었다. 자주 주일예배에 참석하지 않았고, 매주 토요일마다 심방을 가면 나오겠다고 약속은 하지만 번번이 참석하지 않았다. 가끔 출석할 정도였다.

알고 보니 부산 부전동에 사시는 할아버지께서 가끔 오셨다고 한다. 키가 크시고 체격도 크신 분이 시커먼 선글라스를 끼고 계신 것을 종종 본 기억이 있었다. 며느리가 예수를 믿는다고 혼낼까봐 겁이 나서 교회에 오지 못했다는 것이다. 그런데 참으로 이상했다. 그 할아버지의 뒷모습을 바라보면서 계속 기도가 터져나왔다. "하나님, 하나님! 욱이 할아버지 예수 믿어 구원받게 해주세요." 새벽기도 시간에 구역 식구 한 가정, 한 가정을 두고 기도할 때면 할아버지를 위한 기도를 빠뜨리지 않도록 성령님께서 인도해 주셨다.

어느 날 할아버지께서 장암 수술을 받으시고 얼마 살지를 모르신다면서 며느리 집으로 오셔서 함께 살게 되었다. 구원 받을 때가 이 때라 생각하고 더욱 간절히 기도로 준비했다. 하루는 식혜를 정성껏 만들어 갔다. 할아버지도 함께 계셨다. 이런 저런 이야기를 엮어가다가 복음을 전하기 시작했다. 그런데 뜻밖에 옆에서 듣고 계시던 할머니께서 어릴 때 교회를 다녔다고 하셨다. 나도 모르게 '아! 그렇구나. 이 가정이 택하신 가정이구나.' 라고 속으로 탄성을 질렀다. 할머니께서는 "차차 생각해 봅시다. 그런데 큰 집이 절이라서 좀 곤란해요."라고 하셨다. 이 날은 복음만 전하였을 뿐 영접시키지 못한 채로 돌아왔다.

성령님께서 나에게 전도할 뜨거움을 주셨기에 스님이라도 성령님께서 역사하시면 물러나지 않을 자신이 있었다. 나는 며칠 후 다시 찾아갔다. 할아버지와 욱이 엄마만 집에 있었다. 할아버지께 복음을 제시하니 "내가 이 몸으론 교회를 갈 수가 없어요."라고 하셨다. 옳거니 하고, "할아버지, 몸이 편찮으신 걸 하나님께서 다 보고 알고 계십니다. 교회 못 오셔도 죄를 회개하시고 예수님을 영접하시면 구원을 받습니다. 다시 말해 천국에 가실 수 있습니다. 할아버지, 지금까지 살아오시면서 죄를 지으셨다고 생각하십니까?"

"예! 내게 죄가 아주 많습니다."

"예, 저도 죄가 많습니다. 그러나 가장 큰 죄이자 용서받을 수 없는 죄는 예수 믿지 않은 죄입니다!"

"아! 그래요?"

"예, 이제 예수님을 영접하시기로 마음에 작정하시면 제가 도와드리겠습니다."

할아버지는 드디어 결심을 하셨다. 할아버지의 두 손을 꼭 잡고 기도를 드렸다.

"지금까지 할아버지께서 살아오시면서 알게 모르게 지은 모든 죄와, 특별히 예수 믿지 않았던 죄를 용서해 주세요."

기도를 드리는 중에 내 손등엔 할아버지의 콧물과 눈물이 뚝뚝 떨어졌다. 나도 함께 울면서 중보회개를 하고 영접기도를 했다. 할아버지는 '아멘'으로 영접하셨다. 감사의 기도와 함께 앞으로 그 영혼을 하나님께서 인도해 주실 것을 구하는 기도를 드렸다.

"할아버지, 언제라도 시꺼먼 옷을 입은 사람이 와서 함께 가자고 하거든 '나는 예수 믿으니 갈 수 없다.'고 호통을 쳐서 쫓아내세요. 그 대신 하얀 옷을 입은 사람이 와서 '천국 갑시다.'라고 하면 따라가세요. 그는 하나님께서 보낸 천사이므로 함께 가시면 천국으로 인도해 주십니다."

"정말입니까?"

"예, 정말입니다. 까만 옷 입은 사람 따라가면 지옥입니다. 예수 믿는다고 하면 꼼짝 못하고 물러갑니다. 겁내지 마세요."

사실 그 때 할아버지는 매우 위독한 상황이라 오랫동안 사시지 못할 것 같았다. 그 후 며칠이 지났다. 아침 일찍 욱이 엄마한테서 전화가 왔다. 할아버지께서 찾으신다고 빨리 오라고 하기에 급히 달려갔다. 할아버지께 드린 내 얘기가 간밤에 꿈이 아닌 현실로 나타났다. 할아버지는 간밤에 시꺼먼 옷을 입은 사람이 와서 가자고 하기에 "야! 이놈아! 나는 이제 예수 믿으니 못 간다. 우리 집에서 나가라."고 호통을 쳤더니 물러가고, 조금 있으니 흰옷을 입은 사람이 와서 가자고 하는데 며칠 전 아줌마가 들려 준 이야기가 그대로인 것이 신기해서 이 이야기를 하고 싶으니 3일만 여유를 달라고 하자 그리하라 하고 떠났다고 했다.

"예, 할아버지 그건 맞습니다. 이제 흰 옷을 입은 천사가 와서 가자고 하면 따라 가세요. 그곳은 눈물도 아픔도 없는 천국입니다. 걱정 마세요."

욱이네 집에서 돌아온 3일 후 할아버지는 돌아가셨다. 할아버지의 영혼은 하나님 나라로 가셨다.

> "삼가 이 소자 중에 하나도 업신여기지 말라 너희에게 말하노니 저희 천사들이 하늘에서 하늘에 계신 내 아버지의 얼굴을 항상 뵈옵느니라"
> (마태복음 18장 10절)
> "모든 천사들은 부리는 영으로서 구원 얻을 후사들을 위하여 섬기라고 보내심이 아니뇨" (히브리서 1장 14절)

큰집이 절이라 불교의식으로 장례를 치르게 되었다. 일주일이 지난 후 첫째 제를 드리는 날이었다. 큰집 가족과 함께 절에 모였다. 스

님이 염불을 하다 말고 가족을 둘러보면서 여기 예수 믿는 사람이 있
느냐고 물었다. 욱이 엄마 생각에는 '내가 뭐 예수 믿는 사람일까?'
생각해서 아무 말 하지 않았다고 한다. 또 다시 염불을 하다 말고 물
었다. 욱이 엄마는 눈물이 쏟아져 나왔다. '나 같은 사람도 하나님 딸
인가? 일 년에 몇 번밖에 교회에 가지 않았는데 …'

욱이 엄마는 돌아오자마자 나에게 전화기를 들고 울기 시작했다.
하지만 그 후로도 매 주마다 심방을 해도 약속을 어겼다. 그 뒤 어느
날 밤 내가 심방을 오는 꿈을 꾸었다고 한다. 돌아가는 모습이 화가
잔뜩 났는데, 내가 아니라 예수님께서 화가 나신 것처럼 느껴졌다고
하면서 나에게 고백했다.

"나도 하나님의 딸이라는 걸 이제야 알았습니다."

그 후 욱이 아빠도 교회에 나왔다. 욱이 아빠는 버그시라는 무서운
병에 걸렸지만 하나님의 은혜로 좋은 약을 구입하고 기도하던 중에
나음을 얻었다. 나중에 우리 집 큰 아이 등록비로 인해 어려워 할 때
큰 도움을 받기도 해서 지금도 그 은혜를 잊을 수가 없어 축복기도를
하고 하나님께 감사를 드렸다.

> "내 영혼을 음부에 버리지 아니하시며 주의 거룩한 자로 썩지 않게 하실
> 것임이니이다 주께서 생명의 길로 내게 보이시리니 주의 앞에는 기쁨이
> 충만하고 주의 우편에는 영원한 즐거움이 있나이다"(시편 16편 10-11절)

제사떡으로 전도하다

우리 집에는 제사가 많아 자주 닥쳐왔다. 대식구다보니 음식도 많이 마련하는 편이다. 어머님께서 떡을 해오라고 하셔서서 큰 대야에 쌀을 담아 방앗간으로 갔다. 떡을 하는 동안 옆집 선화네 집에 가서 전도를 했다. 하나님께서 내게 전도할 마음을 뜨겁게 주셨기 때문이다. 선화 어머니는 처녀 시절에 교회에 다녔었고, 지금도 친정어머니는 집사님이시라고 했다. 그러나 시어머니께서 워낙 불교와 유교에 대한 애착이 강하셔서 아주 완강하다고 했다.

떡이 다 되어 먼저 선화 할머니께 한 접시를 대접했다. 내 눈에 흙이 들어가기 전에는 교회에 못 간다고 하시는 할머니께 먼저 드렸다. 때로는 목사님께 먼저 드릴 때도 있었다. 이를테면 떡의 양을 저울질하시는 어머니이시라 미리 쌀을 덤으로 더 넣어야 한다. 평소에도 선화 할머니께 자주 들르면서 이런 저런 얘기를 나누고 가깝게 지내게 되었다. 그리고 얼마 안되어 선화 어머니는 시어머니 모르게 교회에 등록을 했다. 아이들도 매주 할머니 몰래 유치부에 다니게 되었다. 어느 날 우연히 선화 할머니가 아이들의 손을 잡고 문 앞에 서 계시는 모습을 보게 되었다. 할머니 모르게 맞은편에서 물끄러미 바라보고만 있던 내 눈에서 눈물이 뺨을 타고 흘러내렸다. "하나님 저 가정을 구원하여 주소서." 마음속으로 기도하고 뒤돌아섰다.

한 번은 할머니와 대화하는 중에 이런 말씀을 하셨다.

"우리 선화 엄마가 늘 머리가 아파 병원에 다녀도 낫지를 않으니 어쩌지요?"

드디어 하나님이 찬스를 만드셨다.

"할머니, 선화 엄마는 처녀 때 교회를 다니기도 했고, 지금도 하나님의 딸이에요. 하나님 앞에 돌아오지 않을 때 돌아오라고 보여 주시는 채찍이 있어요. 예수 믿도록 허락해 주세요."

"그게 정말인가? 선화 엄마의 머리가 정말 낫는다면 한 번 가보라고 하지."

"예수님, 정말 감사합니다."

그 후 선화 엄마는 할머니의 허락을 받아 예배를 드릴 수 있었다. 그런데 내가 선화 엄마의 머리 아픈 것을 위해서 새벽기도 시간에 잊지 않고 늘 기도하여도 응답이 없었다. 여전히 아프니 할머니께 무어라 말씀드려야 할지 걱정이 되었다. 그러던 차에 할머니는 내게 교회 갔는데도 낫지 않는다고 다소 공격적으로 말씀하셨다.

"할머니! 선화 엄마가 매일 새벽기도를 나와 열심히 기도하면 나을 거예요. 우리 작은 아이는 제 새벽기도를 통해 완전히 치료받았어요."

"얘! 어미야. 너도 새벽기도 나가거라."

"할머니! 제 생각에 선화 엄마는 의지가 약해서 차라리 할머니께서 새벽기도 드리시는 것이 나을 것 같아요. 할머니는 하실 수 있을 거예요. 온 가족들을 위해 기도하시면 응답해 주실 겁니다."

"그게 정말인가?"

선화 할머니께서도 선화 엄마가 마음은 착한데 의지가 약하다는 걸 인정하셨는지, "그래, 내가 내일부터 새벽기도를 가마."라고 약속하셨다. 사실 선화 엄마는 계속 신경 안정제를 복용하고 있었다.

다음 날 새벽에 할머니를 모시러 왔다. 할머니는 약속대로 옷을 입고 기다리고 계셨다. 그 다음 주에는 교회에 등록하신 후, 예배시간은 물론 새벽기도도 빠지지 않으시고 성경도 열심히 보셨다. 그러자 선화 엄마가 조금씩 나아지기 시작했다. 완전히 나아진 것은 아니지만 할머니의 신앙이 날로 자라기 시작하면서 선화 엄마도 나아져갔다. 담당구역장과 전도회 회원들, 그리고 이웃에 사는 집사님까지 모두가 한 마음이 되어 기도하고 따뜻한 사랑으로 그 가정을 돌보아 주었다.

그러던 어느 날 마귀가 도전하기 시작했다. 마당에 앉아 계시던 할머니의 눈에 사람의 형체도 아닌 시꺼먼 어떤 물체가 화장실로 들어가는 것을 보게 된 것이다. 수세식이 아닌 재래식 화장실이었는데, 이를 지켜보던 할머니께서는 그 물체가 나오지 않으니까 부탄가스 한 개를 터뜨려서 화장실에 던져 넣었다. 죽이려고 그랬던 것이다. 조금

있다가 죽었는지 보기 위해 촛불을 켜서 화장실의 어두운 밑을 들여
다보려고 화장실에 들어서는데, 화장실에 꽉 차 있던 가스에 불이 옮
겨 붙으면서 할머니는 화상을 입었다. 소식을 듣고 병원에 입원하신
할머니에게 뭐라고 설명을 드려야 할지 난감했다. '자식 잘 되고 평
안하려고 예수 믿었는데 이게 웬일이고?' 하면 어떻게 대답할까?

무엇으로 대답할지는 주님께 맡기고 기도를 드린 후 병원으로 향
했다. 아니나 다를까 예상대로 질문을 하셨다.

"할머니, 그 시꺼먼 물체는 마귀란 놈인데, 그 놈이 할머니 가정을
괴롭게 하던 놈입니다. 할머니를 이렇게 다치게 해놓고, '봐라! 예수
믿어도, 기도해도 소용없네. 예수 믿었기 때문에 이런 일이 일어났
다.'고 꾀어서 예수 믿지 않도록 하기 위한 속임수인데 속지 마세요.
염려하지 마시고 다부지게 마음먹고 병석에 누워 기도하세요. 하나
님께서는 기쁘게 그 기도를 받아주십니다."

"응, 그래. 내가 누워서 기도해도 들어 주신다면 누워서도 기도해
야지."

"이 마귀란 놈은 가문 대대로 내려가면서 자식들을 괴롭힌답니다."
할머니는 매일 기도하겠다고 약속하셨다. 할머니께서 낙심치 않고
굳게 결심하시는 것이 감사하고 너무나 예쁘게 보였다. 그 후 퇴원하
셔서도 새벽기도를 쉬지 않으실 뿐 아니라 모든 예배에 참석하셨다.
신앙생활에 재미를 붙이신 것이다.

일 년이 지난 후, 이번엔 옥상에서 내려오시다가 넘어져서 팔의 뼈
가 부러졌다. 또 입원을 하셨다. 나는 황당스럽기도 하고, 뭐라고 위

로해 드려야 할지 고민이 되었다. 병원에서 입원하신 할머니를 만났다. 꼭 내가 일을 당하게 한 사람인 것만 같았다.

"할머니, 마귀란 놈이 할머니 천국 못 가도록 할머니 마음을 끌어 당기는 것이니 속지 마세요. 하나님께서 치료해 주십니다. 할머니는 고생을 하셔도 앞으로 자손들은 대대로 축복을 받을 겁니다. 처음 믿는 사람은 믿음의 개척자이기 때문에 고생하기도 합니다. 그렇다고 예수 안 믿으시면 평생에 고난이 없는 것도 아닌데 마귀는 예수 믿기 때문이라고 주장하니깐 속지 마세요. 지금까지 안 믿고 살아서 죄를 용서 받지 못하고 쌓여 있기 때문입니다. 우리 나라에서 먼저 믿었던 선조들의 후손들은 목사님이나 장로님으로 하나님을 잘 섬겨 그 자녀들도 똑똑하고 잘 살아가고 있답니다."

"너희가 이 모든 법도를 듣고 지켜 행하면 네 하나님 여호와께서 네 열조에게 맹세하신 언약을 지켜 네게 인애를 베푸실 것이라 곧 너를 사랑하시고 복을 주사 너로 번성케 하시되 네게 주리라고 네 열조에게 맹세하신 땅에서 네 소생에게 은혜를 베푸시며 네 토지 소산과 곡식과 포도주와 기름을 풍성케 하시고 네 소와 양을 번식케 하시리니"(신명기 7장 12-13절)

"내가 어려서부터 늙기까지 의인이 버림을 당하거나 그 자손이 걸식함을 보지 못하였도다 저는 종일토록 은혜를 베풀고 꾸어 주니 그 자손이 복을 받는도다 악에서 떠나 선을 행하라 그리하면 영영히 거하리니"
(시편 7장 25-27절)

"그래, 그렇게만 된다면야. 내가 좀 고생해도 괜찮지. 그런데 말이야, 내가 계속 사고를 내 며느리를 괴롭게 하니 너무 미안해서 어떻게 하지?"

"할머니, 괜찮아요. 걱정 마세요, 선화 엄마도 불편하게 생각하지 않고 할머니께서 고생하신다고 걱정을 하던데요."

할머니와 대화를 나누고 돌아오면서 이렇게 힘든 전도는 처음이라는 생각이 들었다. 그래도 그 때마다 하나님께서 적절한 말씀을 주셔서 너무나 감사했다. 할머니께 이겨 나갈 수 있는 믿음을 주신 하나님께 감사했다. 또 할머니께서 회복하신 후로도 계속 신앙생활을 잘 하셔서 참 감사할 따름이다. 교회 집사님들도 사랑으로 잘 돌보아 주셨다.

그런데 얼마 후, 이번에는 자궁암에 걸리셨다. "아이고, 하나님! 나, 할머니를 어떻게 만나요?" 만날 면목이 없었다. 뭐라고 말씀드려야 할까? 숨겨진 축복은 보여줄 수도 없고 어려운 일만 생기니 이제 나도 힘이 빠졌다. 무릎을 꿇고 울었다. "하나님! 나, 어떻게 해요? 어떻게 해요? 뭐라고 할까요? 믿음이 좋은 집사님이라도 힘들었을 텐데, 이제 예수 믿은 초신자 가정에서 이해가 안 되네요. 하나님께서 지금까지 인도해 주셨고, 이 일도 인도해 주시리라 믿고 갑니다."

할머니를 뵈었다. 물끄러미 바라보시는 할머니에게 이렇게 말씀드렸다.

"이곳이 바로 천국입니다. 할머니께서 지금 나으신다 해도 언젠가는 이 세상 떠나셔야만 하잖아요. 사람이 한 번 나면 죽는 것이 정한 것이 아니겠어요. 죽음만은 순서가 없어요."

"집사님, 나 이제 천국 가는 것이 확실히 믿어진다오. 나에게 천국을 알게 해주셔서 정말 고맙소. 우리 선화 애비, 어미가 꼭 축복을 받아 잘 살았으면 좋겠소."

"할머니, 걱정 마세요. 이 가정을 괴롭히는 마귀를 싸워 이기셨잖아요. 하나님께서 할머니에게 이길 믿음을 주셔서 그 마귀가 아무리 난리를 쳐도 이 가정에 더 이상 있을 수가 없어 떠났어요. 할머니께서 축복 기도하신 것은 할머니께서 안 계셔도 언젠가 다 이루어집니다."

"모든 눈물을 그 눈에서 씻기시매 다시 사망이 없고 애통하는 것이나 곡하는 것이나 아픈 것이 다시 있지 아니하리니 처음 것들이 다 지나갔음이어라"(요한계시록 21장 4절)

그 후 퇴원하시고 금사동으로 이사를 하셨다. 건강이 회복되지는 않고, 한 달쯤 고생하시다 임종이 가까워졌다. 여러 가지 바쁜 관계로 자주 찾아뵙지 못했는데, 할머니께서 먼저 내가 보고 싶다며 찾으신다는 소식을 전해들었다. 할머니는 나를 만나는 순간 활짝 웃으시며 나의 손을 잡으시더니, "나, 천국 갈 수 있도록 도와주셔서 고맙소, 고맙소." 하며 몇 번이고 인사하셨다.

"이제 우리 자식들도 예수 믿고 내가 가는 천국에서 만났으면 좋겠소. 내가 죽기 전에 제사를 없애라고 유언하겠소."

할머니께서 분명한 신앙고백을 하시는 모습을 보니 환자 같지 않고 아름답게 보였다.

"할머니 먼저 가시면 저희들도 따라가서 천국에서 만나요! 할머니 소원대로 자식들도 예수 믿고 어머니와 만나게 됩니다."

자궁암의 고통이 만만치 않았을 텐데, 하나님의 은혜로 그렇게 고통스러워 하지 않는 것 같아 보였다. 돌아오는 길에 감사의 눈물이 한없이 흘러내렸다. 한 영혼, 한 가정을 하나님께서 불 가운데서 건져내시고 품에 안으시는 은혜가 가슴을 뭉클하게 했다. 며칠 후 할머니는 소천하셨다. 스님 염불할 장례식이 담임 목사님께서 집례를 하시는 축복의 장례식이 되었다. 이 모든 구원의 역사를 이루신 하나님께 진실로 영광을 드린다.

"내가 너희에게 말하노니 불의의 재물로 친구를 사귀라 그리하면 없어질 때에 저희가 영원한 처소로 너희를 영접하리라" (누가복음 16장 9절)

나도 예쁜 옷 입고 교회에 가 보았으면 했는데

체격이 아주 큰 할머니이신데, 연세는 예순일곱이었다. 경주 불국사 뒷산 밑 마을에 사시는 할머니는 척추가 상해서 앉으실 수도 없다고 하셨다. 손에 염주를 끼고 있는 걸 보니 영락없는 불교신자였다.

"할머니 젊으셨을 때 일 많이 하셨겠네요."

"말도 마소. 남편 잃고 타작 기계를 지고 윗논에서 아랫논까지 지고 다녔소. 그뿐만이 아니오. 온갖 지게짐을 내 등에 지고 농사지었소. 일 많이 했지요."

"할머니, 땅도 돈도 많으시겠네요."

"야, 밥 먹고 살 만합니다. 밥 먹고 사는 것이 이렇게 힘든지 …. 몸이 다 상하도록 일을 해야 했지요. 하기는 남편 몫까지 일을 해야 했으니깐 …."

나도 모르게 인생이 서글퍼졌다. 연세도 그리 많지 않으신데 자리에서 대소변을 보아야 했다. 척추만 아픈 게 아니라 골수암까지 있다고 하셨다. 하루하루의 고통을 겨우 진통제만으로 면하고 계신 것이었다. 병원에서도 특별한 방법이 없어 보였다. 할머니가 너무나 안타까워서 나도 모르게 눈물이 났다.

"할머니, 천국에는 모든 눈물을 그 눈에서 씻기시며 다시 사망이 없고 애통하는 것이나 곡하는 것이나 아픈 것이 다시 있지 아니하리니 처음 것들이 다 지나갔다고 했습니다. 할머니도 예수 믿으시고 이 천국의 소망을 가지세요."

"아줌마, 예수 믿는교? 어쩐지 그렇게 보입니더."

"저도 여러 가지 어려움도 있었지만 이 천국의 소망이 있으니 늘 즐겁게 살 수 있지요. 지금도 천국 때문에 행복합니다."

"나도 천국 갈 수 있겠는교?"

"예, 갈 수 있습니다. 지금까지 믿으셨던 거 다 버리시고 죄를 회개하시어 예수님을 영접하시면 하나님의 자녀가 됩니다. 하나님의 자녀는 하나님 나라에 당당히 들어갈 수 있습니다. 예수님 영접하시려면 제가 기도로 도와드릴 수 있습니다."

그러자 할머니는 영접하시겠다고 하셨다. 영접기도를 드린 후 예수님께서 할머니 마음에 계심을 몇 번이고 반복하여 확인시켰다.

며칠 후 다시 할머니를 만났다. "하나님께서 할머니를 사랑하셔서 하나님 딸인 저를 심부름 보내셨어요." 가만히 듣던 할머니는 "니만 하나님 딸이가? 나도 하나님 딸이다!"라고 큰 소리로 말씀하셨다. 나는 깜짝 놀라며, "예, 할머니도 분명 하나님의 딸이십니다." 했다. 얼마나 감격스러운지 눈물이 핑 돌았다. 전도하다가 이렇게 시원하게 확신을 들은 건 처음이었다.

"할머니! 내일이면 주일이라 주일 예배를 드려야 하는데 어떻게 하지요?"

"그래 말이다. 막대기를 짚고서라도 갈 수 있으면 좋겠다."

마침 할머니 계신 병원에서 신우회 예배를 드리기에 침대를 밀고 가서 예배에 참석하기로 했다. 이튿날 침상을 밀고 가서 예배에 참석했다. 할머니는 평생에 처음으로 예배에 참석하시는데 매우 감격스러워하셨다. 침상에 누워서 얼굴을 목사님께 향한 채 열심히 말씀을 듣고 계셨다. 돌아오시면서 무슨 말인지 이해는 잘 안 되었지만 내 마음은 편안하다고 하시면서 하얀 이를 드러내시며 활짝 웃으셨다. 나는 눈물이 날 정도로 감사했다. 잃어버린 하나님의.딸이 아버지 품에 돌아와 행복해 하는 모습이 너무 아름다웠다.

"하나님 감사합니다." 눈물이 자꾸만 흘렀다.

"아줌마, 와 자꾸 우노?"

"할머니 기뻐하시니 너무 좋아서 눈물이 나요. 하나님께서 너무 너무 기뻐하시나 봐요."

병실로 돌아와 기도하는 것을 가르쳤다. 할머니도 열심히 기도하셨다. 그런데 며칠 뒤 할머니를 찾아갔더니 여호와증인을 믿는 큰딸이 와서 싸웠다고 했다. 엄마가 알지도 못하는 아줌마 이야기는 들어 주면서 딸인 자기를 무시한다고 마음이 상했다는 것이다.

"할머니, 딸이 믿는 것 믿으면 천국 못갑니다. 아무리 자식이라도 들을 말을 들어야 합니다."

"나는 내 딸이 믿는 것이 무엇인지는 모르지만 아무리 권해도 마음이 안 끌린다. 믿을 것 같으면 벌써 믿었지. 우리 딸이 믿은 지 이십 년이 넘었어."

병원에서는 더 이상 치료가 안 된다고 해서 퇴원을 해야 했다. 할머니는 경주 집으로 돌아가게 되었는데 이래저래 걱정을 하신다.

"집에 가면 여호와증인을 믿는 큰딸이 나를 간호할 텐데 얼마나 나를 조르는지 큰일일세. 아줌마, 내 좀 따라 가자. 내가 대접을 잘 할께."

"그게 문제가 아니고 가족들의 허락을 받아야 합니다."

사실 할머니는 시골에서 혼자 살고 계셨다. 아들과 딸들은 모두 결혼해서 도시에 살고 있다고 했다. 사실 할머니의 생명은 얼마 남지 않으셨다. 할머니는 내가 옆에 있으면 든든해했다. 그래서 결국 함께 가기로 했다. 할머니는 생일이나 명절과 휴가철이면 손주들이 맘껏 놀 수 있도록 평생을 죽도록 일해서 번 돈으로 새 집을 넓고 깨끗하게 지어놓은지 얼마 되지 않아 병이 났다. 정말 천국이 없으면 절망일 수밖에 없었다.

방에 들어오신 할머니는 베개와 요를 뜯어보라고 했다. 뜯어보니 호랑이 부적이 대문짝만 했다. 그리고 불경을 내 앞에 내놓으시면서 마음대로 처분하라고 했다. 나는 밖으로 가지고 와서 모두 불태우고 이 가정을 예수의 보혈로 용서하시고 보호해 달라고 기도를 드렸다.

이튿날 마을 할머니 몇 분이 오셨다. 이 마을에는 젊은 사람이 한 사람도 없었다. 간밤 윗동네 염소 키우는 집에 큰 짐승이 나타나 염소를 물어 갔는데, 그 발자국 모양이 호랑이 발자국 같다고 했다. 그리고 할머니 몇 분은 괜히 불경 사건으로 싸우기 시작했다. 나 혼자 생각에 부적을 태우고 마귀를 쫓아내니 이웃집에서 소동이 일어난 듯했다.

마을이 산으로 둘러싸인 곳이라 밤이 되니 캄캄한 칠흑 같았지만, 그래도 무섭지 않았다. 아무도 없는 집에서 언제 숨이 끝날지 모르는 환자와 단둘이 며칠 밤을 보냈다. 집에 가고 싶기도 했다. 어둠 속에서 할머니는 가만히 입을 여셨다.

"옛날에 내가 젊었을 때 우리 동네에 예수 믿는 사람이 있었는데, 일요일이면 예쁜 옷을 입고 가방을 들고 가는 모습을 논일하다가 쳐다보고는 나도 예쁜 옷 입고 싶다는 생각을 했소. 그런데 몸이 아파 침대에 누워서 교회 갈게 뭐요."

"아, 젊을 때 그분을 따라 가시지요."

"한 번도 가잔 말을 안 하니깐 포기했소. 바쁜데 나도 가겠다는 말이 안 나오데요."

"할머니, 그나마 지금이라도 예수 믿게 됐으니 얼마나 감사합니까?"

"그래, 내 속이 시원하다. 아줌마! 참 고맙소."

"주의 성신을 내게서 거두지 마소서 주의 구원의 즐거움을 내게 회복시키시고 자원하는 심령을 주사 나를 붙드소서 그러면 내가 범죄자에게 주의 도를 가르치리니 죄인들이 주께 돌아오리이다" (시편 51편 10-13절)

할머니로부터 며느리 이야기를 들을 때 사이가 별로 좋지 않음을 알았다. 지난날의 서운한 일들을 이야기하는 걸 보면 알 수 있었다. 나는 할머니의 생명이 위독해져 가는 것을 알 수 있었다. 그래서 이야기했다.

"이제 애기 엄마를 용서하시고 잊으세요. 이제 얼마 있지 않으면 할머니는 세상을 떠나시잖아요? 그리고 예수 믿으라고 말씀하세요."

별로 반응을 보이지 않았다.

"하나님은 화목한 것을 좋아하십니다. 예수님은 하나님과 사람이 화목하게 하기 위해서 십자가에서 돌아가시고 삼 일 만에 다시 살아나셨습니다. 이 화목을 위해서 예수님은 생명을 주셨는데, 어찌 우리가 화목하지 않을 수 있겠습니까? 혹이라도 마음에 걸리는 일이 있으면 마음을 풀고 화목하세요."

할머니는 나를 한참 쳐다보더니 "아줌마, 어찌 그리 속이 깊소. 나는 미처 생각 못했소." 하신다.

"하나님을 믿으면 속이 깊어집니다."

할머니는 알겠다는 눈빛을 보였다.

주일이면 할머니의 아들딸들이 가족과 함께 왔다. 며느리는 밭에서 무엇인가를 하고 있었다. 할머니는 어미를 불러 오라 했다. 할머니는 옆에 앉은 며느리의 손을 꼭 잡더니, "잘 살아야 한다. 지난날 나에게 서운한 것 많았제? 미안하다. 그리고 다 잊어버리자."

며느리를 바라보는 할머니의 모습이 매우 환해 보였다. 며느리가 속 시원하게 받아 주면 좋을 텐데 겨우 입을 벌려 무어라 하는지 들리지도 않았다. 할머니의 죽음 앞에서 여러 가지 생각이 떠올랐다. 며느리가 새댁 때에는 시어머니 권세가 등등했을 것 같았다. 그러나 지금은 죽음을 앞둔, 한없이 약한 상태이다. 처음 시집온 며느리에게 사랑과 인자함으로 대했다면 며느리 마음에 상처가 있었겠는가? 힘 있고 권세 있다고 마음대로 했다가도 얼마 안 가서 연약해지는 것이 인생이다. 할머니는 한동안 넋을 잃고 앉아 있었다.

집에서 연락이 왔다. 시어머님이 수술을 받게 되었다고 했다. 이제 할머니랑 헤어져야 했다. 할머니도 서운하신 모양인데, 무언가 불안한 눈빛이었다. 손을 잡으면서, 할머니의 믿음을 지켜 주시고 영혼을 받아 주시라고 기도를 드린 후 할머니 곁을 떠나 왔다.

역시 큰딸이 간호를 하게 되었다. 집에 돌아와 나흘 만에 전화를 했더니, 내가 떠난 후에 바로 말문을 닫고 한 말씀도 못하시고 삼일 만에 세상을 떠나셨다고 했다. 하나님께서 큰딸과 대화를 못하도록 막으시고 그 영혼을 데려가신 것 같았다. 내가 천국문에 들어서게 될 때 하얀 이를 드러내고 환하게 웃으시면서 나를 맞이할 것을 생각하니 빙그레 웃음이 나왔다. 불가항력적인 구원을 이루시는 하나님께 영광을 돌렸다.

"하나님, 나의 평생에 이 복음 전하는 일을 거두지 마시고 천국 가는 날까지 허락해 주시며, 뿐만 아니라 자자손손 복음 사역에 동참할 수 있는 축복을 주십시오."

"자기 때에 자기의 말씀을 전도로 나타내셨으니 이 전도는 우리 구주 하나님의 명대로 내게 맡기신 것이라"(디도서 1장 3절)

37년 전엔 나도 집사였소

연세가 여든일곱 된 할머니 환자를 만났다. 할머니는 어떤 병명인지는 분명히 모르는데, 가슴이 터질 것 같고 숨이 막혀 괴로워하셨다. 무작정 나를 붙드신 할머니는, "아줌마, 나 좀 살려 주시오. 약 먹고 주사를 맞아도 효력이 없소. 나 좀 살려 주시오." 매달리듯 말씀하셨다. 주위를 살펴보니 환자도, 보호자도 절의 보살 같았다. 염주를 목에 걸고 있었다.

마음속으로 기도를 드린 후, "할머니, 저는 할머니를 고칠 수도 살릴 수도 없습니다. 의사도 안 되는데 제가 어떻게 합니까? 그러나 나와 함께하시는 하나님은 하실 수 있습니다. 할머니께서 하나님의 능력을 믿고 기도하신다면 고쳐집니다. 괴로움에서 건져 주십니다."
"아줌마, 예수 믿는교? 나도 삼십칠 년 전에는 집사였소. 큰아들이 무당집 딸과 연애를 했는데, 아무리 말려도 듣지 않고 결혼을 하게 된 후 착하고 영리한 작은 아들까지 죽고 나서 수년을 싸우다가 결국 내가 졌소."

말씀을 듣는 순간 한 생명도 빼앗기지 않는다고 하신 말씀대로 벼랑에 선 할머니를 구원하시려고 이 병원으로 하나님께서 나를 인도하셨구나 하는 확신이 들었다. "할머니, 하나님이 못하실 일이 없다는 것을 믿으십니까? 고쳐 주실 것을 믿으시면 기도로 도와 드리겠습니다." 믿으신다고 대답하셔서 두 손을 꼭 잡고 기도를 드리는데, 할머니께서 얼마나 우시는지 온 손에 눈물이 범벅이 되었다.

그 순간, 숨 가쁜 가슴이 트이셨다. 터질 듯했던 가슴이 평안해지고, 숨을 들이쉬시게 되었다. 하나님께 감사를 돌리며 잠깐 숨을 돌렸다.

"할머니, 언제든지 이 세상을 떠나면 천국 갈 자신이 있으십니까?"

"하나님을 떠난 지 삼십칠 년이 되었는데 무슨 염치로 천국 가겠소."

"아닙니다. 할머니는 하나님을 떠났지만 하나님께서는 할머니를 버리지도 떠나지도 아니시고 지금까지 탄식하시며 함께 계시다가 너무나 고통 중에 계신 것이 안타까워 나를 이곳으로 보내셨습니다. 할머니, 지금까지 함께하신 하나님 곧 그 아들 예수 그리스도를 마음 문을 여시고 영접하세요. 지난날의 모든 죄를 회개하시면 할머니의 마음으로 들어오십니다. '영접하는 자 곧 그 이름을 믿는 자들에게는 하나님의 자녀가 되는 권세를 주셨으니' 라고 말씀하셨습니다. 지금 회개하시고 영접하십시오. 제가 도와드리겠습니다."

그리고 영접기도를 도와드리자 할머니는 구원의 확신을 가지게 되었다.

"할머니, 이제 살면 얼마나 더 살겠습니까? 아무 것도 두려워 마시고 누가 어떤 핍박을 해도 슬퍼하거나 겁내지 말고 하나님 자녀로서 당당하게 사시다가 천사들의 인도로 천국 가셔야 합니다."

힘을 잃었던 할머니는 용기가 생겼다. 알았다고 고개를 끄덕이셨다.

"할머니, 지금 자녀들이 예수 믿지 않는 것 때문에 걱정이시죠."

"예, 그렇소."

"걱정 마시고 지금 할머니 병을 고쳐 주신 전능하신 하나님께 기도드리세요. 돌아가실 때 유언을 남기시고 내가 가는 하늘 나라 너희도 예수 믿어 거기서 다시 만나자고 하세요. 하나님은 자녀의 기도를 들어 주신답니다. 무당 딸 아니라 절의 스님도 회개하고 구원받아 돌아가서 목사님까지 되셨습니다."

할머니는 몇 번이나 감사하다고 인사를 하셨다. 구원으로 인도하시는 하나님께 감사와 영광을 돌렸다.

"인자의 온 것은 잃어버린 자를 찾아 구원하려 함이니라"

(누가복음 19장 10절)

죽음 앞에 놓인 백혈병 아주머니

병원전도를 시작하게 되었다. 병원에서 만난 한 아주머니가 백혈병이 중하여 합병증으로 갑상선까지 겹치게 되었다. 이제 얼마 살지 못한다고 친구며 집안 사람들이 모두 모여 마지막 인사를 하고 있었다. 나는 복음을 전하기 위해 준비 기도를 했다. 아주머니의 친정어머니와 시어머니가 곁을 지키고 계셨다. 두 어머니께 복음을 전하려고 하니 허락해 주십사 부탁했더니 절에서 백일 기도를 올렸다며 거절하신다. 하는 수 없이 옆을 지나면서 기회를 보기로 했다.

마침 환자 혼자 있는 때가 왔다. 복음을 제시했는데, 백일기도의 결과를 보고 생각해 보겠다고 한다. 내 생각에는 백일이 채 끝나기도 전에 위독하게 될 것 같았다. 머리맡에는 간호사가 전해 준 불경이 놓여 있었다. 마음이 안타까웠다. 며칠이 지나고 다시 아주머니를 찾았다. 이번엔 아주머니께서 내게 먼저 손짓을 했다. 나를 위해 기도해 줄 수 있겠느냐고 물었다. 당연하다며 못할 이유가 있겠냐고 이야기 하는데, 어떻게 갑자기 그런 생각을 하게 된 건지 궁금해졌다. 아주머니 말이 간밤 꿈에 큰 발이 나타나 읽고 있는 불경을 발로 밟아 버려 구멍이 났는데, 이상하게 속이 시원함을 느꼈다고 했다. 그래서 아무래도 내가 하나님을 믿어야 되는 것이 아닌가 하고 생각하게 되었다는 것이다.

> "사람이 침상에서 졸며 깊이 잠들 때에나 꿈에나 밤의 이상 중에 사람의 귀를 여시고 인 치듯 교훈하시나니 이는 사람으로 그 꾀를 버리게 하려 하심이며 사람에게 교만을 막으려 하심이라 그는 사람의 혼으로 구덩이에 빠지지 않게 하시며 그 생명으로 칼에 멸망치 않게 하시느니라"
> (욥기 33:15-18절)
> "사람의 속에는 심령이 있고 전능자의 기운이 사람에게 총명을 주시나니"(욥기 32편 8절)

그 사이 잠깐 자리를 비웠던 시어머님이 들어오고 계셨다. 나는 환자에게 링거병을 들고 화장실로 가라고 했다. 나도 환자의 뒤를 따라가 양변기 뚜껑을 덮어 앉히고 나서 문을 닫고 복음을 제시했다. 영접 기도를 도와드리고 "죽으면?" "천국!" "살면?" "전도!"를 반복하여 외쳤다. 죽지 않고 살면 장차 건강 받아 전도하게 해 달라고 간구하며 그분의 영혼을 주님께 맡기는 기도를 드렸다. 이렇게 몇 번 반복해서 복음을 전하는 동안 그 얼굴빛이 환하게 보여 환자 같지 않았다. 며칠 후 퇴원하여 집으로 돌아갔다. 집을 가르쳐 주지 않아 다시 만나지 못하고 헤어졌지만, 그 아주머니의 영혼은 구원받은 것을 확실히 느낄 수 있었다. 아마 집안에서 반대가 심하니 찾아오면 야단맞을까봐 연락처를 주지 않은 모양이다.

살았는지 죽었는지 모르지만 언젠가 천국 가서 만나게 될 때면 얼마나 반가와 할까? 죽음을 눈앞에 둔 아슬아슬한 시간이었다. 천국과 지옥의 갈림길에 선 이 아주머니가 구원받을 때 우리 하나님은 또 얼마나 기뻐하셨을까? 그리고 전도한 나를 인하여서도 기뻐하셨으리라 생각하니 전도하는 이 기쁨이 무엇보다 귀하게 느껴졌다. 모든 감사와 영광을 하나님께 돌렸다.

"보내심을 받지 아니하였으면 어찌 전파하리요. 기록된 바 아름답도다 좋은 소식을 전하는 자들의 발이여 함과 같으니" (로마서 10장 15절)

숨 쉬는 영혼에게 복음을

연세는 칠순 중반이 되어 보이는 할머니가 전신마비에다 의사소통이라고는 눈을 깜박이는 정도였다. 그것마저도 전혀 안될 때가 있었다. 3년째 간병인이 간병을 하고 있는데, 간병인은 예수를 믿지 않고 천리교를 믿는다고 했다. 목구멍에서 식도로 연결된 호스로 미음 같은 식사를 하고 산소 호흡기로 숨을 쉬고 있었다. 바라보는 순간 무언가를 기다리고 있는 것 같아 보였다. 순간 복음이라는 생각이 들었다. 하지만 손목에는 염주가 걸려 있고 사찰에서 준 달력이 병실 벽에 걸려 있었다. 부잣집 할머니라고 옆에서 이야기 해주었다. 그 영혼을 향해 복음을 전하고 싶은 충동이 들었다.

간병인 아주머니께 허락을 받고 싶지만 나더러 미친 사람이라고 할 것 같았다. 한 번씩 오가며 기회를 엿보고 있었는데, 간병인 아주머니가 환자를 잠깐만 봐달라고 했다. 길 건너 대형 마트에 잠시 다녀오겠다는 것이다. "예, 그러세요. 환자를 업고 가지는 않을게요." 간병인은 하하 웃으며 병실을 나갔다. 그 즉시로 환자를 향해 복음을 전했다. "할머니, 저는 하나님의 심부름을 하는 하나님의 딸입니다. 할머니께서 삼 년 동안 기다리시던 것이 바로 이 복음입니다. 할머니께서는 부처님을 사랑하셨지만 부처님 사랑으로는 천국에 들어갈 수 없어요. 하나님께서 제일 싫어하십니다. 천국에 들어가는 길은 예수 믿는 길뿐입니다. 할머니께서 아무리 많은 죄를 지었다 해도 회개하시고 예수님을 마음에 영접하시기만 하면 지금이라도 천국에 갈 수 있습니다. 그렇게 하시기를 원하시면 눈을 한 번 깜박해 주세요. 제가 영접할 수 있도록 도와드리겠습니다." 그러자 할머니는 눈을 깜박하셨다. 나는 "아멘!" 하고 소리를 쳤다. 할머니의 두 손을 잡고 영접기도를 드린 후, 마음에 허락하시면 다시 한 번 눈을 깜박거려 달라고 청하니 깜박거리셨다.

> "사람이 의롭게 되는 것은 율법의 행위에서 난 것이 아니요 오직 예수 그리스도를 믿음으로 말미암는 줄 아는 고로 우리도 그리스도 예수를 믿나니 이는 우리가 율법의 행위에서 아니고 그리스도를 믿음으로서 의롭다 함을 얻으려 함이라 율법의 행위로서는 의롭다 함을 얻을 육체가 없느니라"
> (갈라디아서 2장 16절)

아멘으로 화답하면서 할머니의 영혼을 하나님께 맡기는 기도를 드리고 나서 2분 정도 지나고 간병인 아주머니가 돌아오셨다. 말 못하시는 할머니께 전도를 하고 기쁨이 벅차올랐다. 그것도 짧은 시간에 한 영혼이 주님 품 안으로 돌아오게 된 것이다. 기쁨에 찬 모습을 보는 간병인은 "무엇이 그렇게 좋소?"라고 의아해하며 물었다. "그냥 기분이 좋네요. 아주머니도 예수 믿고 구원 받으세요. 원하신다면 도와 드릴게요." 간병인 아주머니는 시어머니께서 열심히 새벽기도를 쉬지 않고 다녀도 위암에 걸려 고생하시는 것을 보고 믿음이 안 가 천리교를 믿는다고 했다. 할 수 없이 그냥 돌아오면서 말 못하는 할머니는 구원받고 말 잘하는 아주머니는 구원받지 못했다는 생각이 들었다. 구원받을 때가 이르면 모르겠지만 말이다.

복음을 전하는 이 기쁨을 누가 알랴. 구원의 역사는 언제 어디서 어떻게 이루어질지 모르기 때문에 마음에 감동이 올 때면 기회를 놓쳐서는 안 되겠다고 생각하며 더더욱 긴장을 늦출 수 없었다. "성령님, 나의 발걸음을 빌립처럼 인도해 주셔서 영혼 구원에 쉬지 않게 해주세요. 영혼을 사랑하는 이 뜨거운 심령을 제하지 마시고 내 자식같이 애착을 가질 수 있도록 해주세요. 감사와 영광을 하나님께 돌립니다."

'내가 심중에 이르기를 의인과 악인을 하나님이 심판하시리니 이는 모든 목적과 모든 일이 이룰 때가 있음이라 인생의 혼은 위로 올라가고 짐승의 혼은 아래 곧 땅으로 내려가는 줄을 누가 알랴'

(전도서 3장 17절, 21절)

5.
시련의 계절에 영글은 성숙의 열매

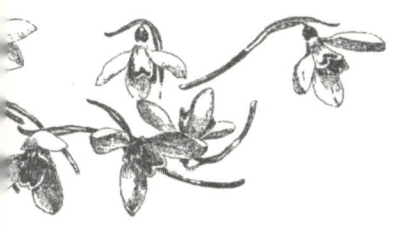

"대저 젖을 먹는 자마다 어린 아이니
의의 말씀을 경험하지 못한 자요 단단한 식물은 장성한 자의 것이니
저희는 지각을 사용하므로 연단을 받아 선악을 분변하는 자들이니라"(히 5:13-14)

은혜 속의 물질 개념

연합하여 선을 이루신 주님

불법을 미워함으로 받은 축복

의인으로서 악인역, 악인으로서 의인역

복지 선교와 수양관의 꿈을 주셨다

은혜 속의 물질 개념

내가 아주 어릴 때 우리 집의 생활이 부모님들의 이야기로는 괜찮았다지만, 나는 어렴풋이 기억할 뿐이다. 그렇다고 자라면서 먹고 입는데 큰 어려움을 겪은 적도 없었다. 단지 남보다 더 나은 문화생활을 누려보고 싶었다. 부자가 되는 그 자체 보다는 전원에서 풍성한 정서적 혜택과 여유를 누리고 싶었다. 안정된 직업과 고정적인 수입을 누리며 평화롭게 살고 싶었다. 어릴 때 언니가 꽃밭에 꽃을 많이 심어 여러 가지 꽃들이 나를 즐겁게 해주었다. 코스모스와 국화가 활짝 핀 꽃길을 만들어 학교를 오갈 때마다 행복감에 젖기도 했다.

그 후 점점 생활이 어려워지면서 부모님이 식당을 하게 되었고, 전원의 정서생활이 점점 사라져 갈 때 마음이 아팠다. 장사 안 하고 옛날처럼 살았으면 좋겠는데 그럴 형편이 아니었다. 시집을 온 후로는 남편이 집 장사를 하면서 깨끗하고 새로운 집을 지어 살다가 싫증나면 다시 이사를 하기도 했다. 대가족이 함께 살 뿐만 아니라 자자손손 살 것 같아서 이층 양옥에 거실과 이층을 시원하게 뚫어서 지었다. 다만 도시라 정원을 넓게 하지 못한 게 아쉬웠지만, 심고 싶은 나무를 골라 심었다. 명장동에서 제일 좋은 집이라는 소문이 나기도 했다.

그러나 돈이 조금 있다고 생각하니 사람의 생활이란게 술과 향락에 빠지게 되는 것인가 보다. 좋은 집에 부모 자식과 형제 모두 건강하고 물질의 부족함이 없는데 더 감사하며 성실히 살아가기 보다는 향락적인 생활로 인생을 채우려고 했다. 온 가족이 사치가 심했지만, 특히 남편은 갈수록 사치와 향락에 깊이 빠져 들었다. 가족 가운데 정신적 행복이 고갈되자 가족들은 서로 많이 누리겠다고 눈치를 보거나 불평하기 일쑤였다. 돈이 많지는 않아도 조금씩 양보하고 절약하면서 정신적인 위로와 진실한 사랑으로 살았으면 얼마나 좋으랴!

견디다 못한 나는 모든 것을 포기하고 예수를 믿었다. 그리고 예수님을 믿는 그 첫사랑이 내 모든 부족함을 채워 주었다. 모든 물질이 사라진 어려움 속에서도 당당하게 살 수 있었다. 또 교회 생활이 익숙해지면서 교회 성도들의 가정을 돌아보게 되었다. 믿음 안에서 이리저리 다양한 모습으로 사는 것이 좋아보였다. 성도들의 아름다운 가정생활을 보면서 예전 우리 집은 믿음이 없어서 어려움을 당했구나 싶은 생각이 들었다. 이제 하나님이 우리 가정을 축복해 주시면 온 가족이 예수 믿고 경제적 어려움을 회복하면서 누구네 가정처럼 아름답게 가꾸어 갈 수 있으리라 생각하기도 했다. 그러나 물질을 주셨다가도 다시 빼앗기를 몇 번 반복하다가 십 년이 넘도록 물질을 주시지 않았다. 나뿐 아니라 다른 성도들 가운데에서도 물질로 인해 시험 드는 경우가 있었다. 그러나 오히려 계속되는 장기적인 어려움을 통해 가족들이 점차 예수를 믿게 되고 사치스러운 생활에서도 벗어나기 시작했다. 나 또한 하나님께서 영적인 세계로 인도해 주셨다.

> "예수께서 대답하여 가라사대 열 사람이 다 깨끗함을 받지 아니하였느냐 그 아홉은 어디 있느냐 이 이방인 외에는 하나님께 영광을 돌리러 돌아온 자가 없느냐 하시고 그에게 이르시되 일어나 가라 네 믿음이 너를 구원하였느니라 하시더라" (누가복음 17장 17-19절)

건강의 축복을 받아 좋아하다가 예수께서 다시 주시는 영적 축복을 놓칠 수도 있었다. 즉, 육적인 축복을 받고 영적인 축복을 받기도 전에 예수님의 깊은 은혜를 잃어버릴 뻔했는데, 물질을 빨리 주시지 않는 고난을 통해 주의 은혜의 바다로 나아가 크고 비밀한 축복을 받게 되었다. 그리고 나니 환경이 좋으면 더 좋고 그리 아니하실지라도 예수님 한 분만으로 만족하는 참 만족을 맛보게 되었다. 예수를 사랑하는 뜨거운 마음으로 드리는 예배가 세상 그 어떤 좋은 향유보다도 향기로운 향유임을 알게 되면서 부터 물질을 초월하게 되었다.

이와 같은 참 행복과 만족감을 주신 하나님께 감사와 영광을 돌린다. 찬양으로 주님 앞에 나아갈 때 감사의 눈물이 얼굴을 적시면 주께서 못 자국 난 두 손으로 씻어 주심을 맛보게 해 주셨다. "사랑하는 정숙아, 네가 날 사랑하느냐?"고 묻지도 않으신다. 사랑의 눈물을 씻으시는 주님은 다 아시기 때문이다. 모든 영광을 주님께 돌린다.

"한 여자가 매우 값진 향유 곧 순전한 나드 한 옥합을 가지고 와서 그 옥합을 깨뜨리고 예수의 머리에 부으니" (마가복음 14장 3절)

연합하여 선을 이루신 주님

내일 일을 알지도 못하고 책임져 줄 그 누구도 없으면서 뭐가 잘났다고 그렇게 당당했는지, 지금 생각하니 위험하고 바보스럽기 그지없던 지난날들이 부끄럽기만 했다. 처녀 시절 결혼 대상자를 잘 선택할 것이라고 이런 것 저런 것 견주어 보다가 남편을 만났다. 남편은 부산 토박이로서 가족들이 대부분 이웃에 살아 조부모와 부모 밑에서 사랑을 받고 여러 형제들과 함께 놀며 외롭지 않게 자라났다. 그래서 어느 정도 살림 기반도 있고, 체격도 좋고, 직장도 있고, 모든 의사소통이 시원한 사람이었다. 종갓집이라 다소 힘들기도 하지만 평소 외로웠던 나로서는 이 정도라면 성실하게 사는 한 앞으로 행복하겠다고 판단해 선택한 결혼이었다. 남편도 나의 성품과 사고가 마음에 든다며 무척 사랑해 주었다. 가정의 화목을 위해 노력하는 나를 인정해 주었다. 때로 오솔길로 친정을 오갈 때면 남편은 나를 업고 다니기도 했다. 나 역시 힘들지만 남편이 이해해 주고 인정해 주는 것이 큰 위로가 되었다.

시집온 지 몇 개월이 지났을 때였다. 어머님께서 갸름하고 작은 싸릿대 소쿠리 하나를 내놓으시면서 큰아들을 낳아서 소쿠리에 담아 실근(작은 통나무 두 개를 깎아 만든 선반) 위에 얹었다 내리면 수명이 길어진다고 해서 집에서는 실근이라고 부른다고 설명하셨다. 그 당시는 그런 것도 있구나 생각했을 뿐이었다. 어머니는 그 소쿠리까지 귀하게 여겨 보관을 하고 계셨다.

남편은 융통성 있게 사업을 운영하고 의리가 있어 주위의 인심도 좋았고 수입도 대단했다. 가족을 사랑하는 마음도 깊었다. 그런데 언제부터인가 알 수 없는 어두운 그림자가 남편을 끌어당기는 듯한 느낌을 가질 만큼 생각 밖의 행동을 했다. 귀가 시간이 늦거나 가끔 외박을 하기도 했고, 이튿날이면 잘못한 자신의 행동을 후회하면서도 계속 반복되는 삶을 살았다. 빈틈이 없으시던 아버지를 보다가 남편을 보니 도저히 이해가 되지 않았다.

남편의 마음을 맞추어 주면 괜찮을까 하고 모양을 내어 치장해 보기도 하고 잔소리를 해봐도 아무 소용이 없었다. 주위에서 점쟁이를 찾아가 어떤 방법을 찾으라고 하기에 부적을 사서 옷에 넣어 보기도 했지만 아무런 소용이 없었다. 예전 같으면 남들이 그런 방법을 쓰는 것을 보고 흉을 보았을 테지만 내가 너무 답답하니까 지푸라기라도 잡는 심정으로 뭐든 해 보았다.

　모든 것이 결국 무위로 끝나고, 결국 혼자서 가슴앓이를 해야 했다. 나중에 알게 되었는데, 세상에 물들어 사는 사람들 가운데 이와 같은 생활을 하는 사람들이 많음을 알게 되었다. 그것은 또 다른 쾌락을 찾아 헤매는 인간의 욕망 때문에 비롯된 것이었다. 아이들이 자라면서 아빠의 모범적인 모습을 보고 자라야 하는데 참 안타까웠다. 자녀 교육과 조기 교육을 잘 해야 한다고 혼자서 애를 써 보지만, 부부가 함께 협력하지 않는 한 자녀 교육이 제대로 감당될 수는 없는 것이다. 하지만 남편은 이 문제에 무관심할 뿐만 아니라 경제 문제에 대한 재산관도 분명치 않았다.

　더불어 성실히 살아도 부족한 게 많은데 혼자서 아무리 뛰어 봐도 길이 없었다. 친정도, 형제도, 친구도, 그 누구도 만나고 싶지 않고 오직 이 문제를 어떻게 할까 하는 생각밖에는 없었다. 그러다 호흡이 힘들어지기 시작했다. 가끔씩 숨이 내쉬어지지 않아 말할 수 없는 고통으로 힘들어해야만 했다.

　그 후로 내 자신이 오래 살지 못할 것이라 생각하고 아이들의 행복을 위해 예수 믿기로 결심했다. 예배 시간을 통해서, 또 말씀 안에서 남편의 이해할 수 없는 삶의 원인을 찾게 되었다. 조상을 섬기는 귀신 숭배와 불교 및 토속신앙 외에도 여러 잡신들에게 절하고 살아 온 결과 결국은 귀신에게 사로잡혀 지내온 것이었다. 옛날에는 출생한 아이들이 죽으면 귀신에게 이 아이를 바치는 징표로 소쿠리에 담아 실근 위에 올렸다 내렸다고 한다. 그리하여 집안과 동네 사람들은 실근이라고 부르고 있었다. 남편은 계속해서 가족들과 저녁식사를 마치고 재미있게 잘 지내다가도 한밤중에 자리에서 벌떡 일어나 잠깐 나갔다 온다면서 나가서는 삼 일 만에 정신 나간 사람처럼 들어왔다. 간간이 이런 생활이 계속되었다.

"그가 그 자식을 몰렉에게 주는 것을 그 지방 사람이 못 본 체하고 그를 죽이지 아니하면 내가 그 사람과 그 권속에서 음란히 섬기는 모든 사람을 그 백성 중에서 끊으리라 즉 몰렉은 가나안의 우상 곧 하나님의 모든 세상의 우상을 말하는 것이다" (레위기 20장 4-5절)

일단 그 출발은 술부터 시작되어진다. 세상 사람들은 알맞게 먹으면 되지 않느냐고 말한다. 하지만 죄의 본능으로 인해 절제력이 부족한 것이 사람이다. 그러다 보니 결국 취하게 된다.

"술 취하지 말라 이는 방탕한 것이니 즉 방탕한 것이 취한 사람 앞에 찾아와" (에베소서 5장 18절)
"육정의 열매 곧 음행과 더러운 것과 호색과 우상숭배와 술수와 원수를 맺는 것과 분쟁과 시기와 분냄과 당짓는 것과 분리함과 이단과 투기와 술 취함과 방탕함과 또 그와 같은 것들이다" (갈라디아서 5장 19절)

말씀을 통해 남편이 쇠사슬의 올무에 묶여 있는 것을 알게 되니 남편이 너무나 불쌍해졌다. 어머님 역시 친정에서부터 우상숭배를 당연시하며 행해 오셨던 분이다. 어머님 역시 불쌍히 여기게 되었다.

약속을 지키지 않아 분노케 하고 남을 원망하여 분노케 하며, 이 모든 일그러진 인격으로 인해 남들이 축복을 받지 못하도록 지배하고 있는 것이 마귀의 장난임을 알았다. 묶여 있는 그 영혼들이 너무나 불쌍하여 5년 동안 매 달 3일을 금식하며 기도하였고, 마지막에는 21일 동안 금식하며 기도했다.

"나의 기뻐하는 금식은 흉악의 결박을 풀어 주며 멍에의 줄을 끌러 주며 입제당하는 자를 자유케 하며 모든 멍에를 꺾는 것이 아니겠느냐 또 주린 자에게 네 식물을 나눠 주며 유리하는 빈민을 네 집에 들이며 벗은 자를 보면 입히며 또 네 골육을 피하여 스스로 숨지 아니하는 것이 아니겠느냐 그리하면 네 빛이 아침같이 비췰 것이며 네 치료가 급속할 것이며 네 의가 네 앞에 행하고 여호와의 영광이 네 뒤에 호위하리니 네가 부를 때에는 나 여호와가 응답하겠고 네가 부르짖을 때에는 말하기를 내가 여기 있다 하리라 만일 네가 너희 중에서 멍에와 손가락질과 허망한 말을 제하여 버리고 주린 자에게 네 심정을 동하며 괴로와하는 자의 마음을 만족케 하면 네 빛이 흑암 중에서 발하여 네 어두움이 낮과 같이 될 것이며 나 여호와가 너를 항상 인도하여 마른 곳에서도 네 영혼을 만족케 하며 네 뼈를 견고케 하리니 너는 물 댄 동산 같겠고 물이 끊어지지 아니하는 샘 같을 것이라"(이사야 58장 6-11절)

한 끼도 굶지 못하는 내가 전적으로 하나님의 은혜로 하나님의 뜻에 순종했다. 교회 집회에 한 번만 참석하자고 처음으로 말했을 때 그

입술이 새파랗게 질리며 분을 이기지 못하게 하던 마귀의 결박이 풀리고, 예수님의 은혜로 무릎 꿇고 두 손 들고 하나님을 아버지라고 부르는 남편의 뒷모습을 보면서 하나님께 감사와 영광의 눈물을 한없이 흘렸다. 지금도 예배를 드릴 때마다 온 가족의 결박을 풀어 주신 은혜에 감격의 눈물을 흘린다. 주께서 구원의 즐거움으로 나의 첫사랑이 식어지지 않도록 붙들어 주셨다. 한없는 은혜를 주신 하나님께만 감사와 영광을 돌린다.

불법을 미워하다가 받은 축복

내가 권찰이 되던 해, 남편은 사업이 안 된다며 불평을 했다. 다른 사람들은 다 잘 되는데, 나는 당신이 예수 믿기 때문에 재수가 없어서 될 일도 안 되고 어려운 거라며 불평을 했다. 경제적으로 궁핍해서 생활이 어렵기는 했어도 견디어 낼 수 있었는데, 예수 믿고 재수 없다고 하는 것은 견딜 수가 없었다. 삼 일을 금식하며 기도했다. 예수 믿고 재수 없다는 말을 듣기 싫으니 한 번만 기적을 보여 주셔서 다시 그 입으로 말하지 않도록 기도했다.

그 후 얼마 되지 않아 서원시장 맞은편에 삼백 평이 조금 넘는 땅을 싼 값으로 구입했다. 그 땅을 분할하여 앞쪽은 상가를 직접 지어서 팔았고, 뒤쪽은 그냥 주택 여섯 채를 지을 터로 팔았다. 1982년이었는데, 총 수입이 당시 금액으로 일억 원이 넘었던 것으로 기억된다.

하나님께서 정말 기적을 보여 주셔서 감사했다. 그 뒤로도 상가 대지를 팔십 평 정도 싸게 구입했다.

어느 날 새벽 기도를 마치고 돌아오는데, 남편이 한지 한 장과 황태 말린 것 한 마리를 들고 현관으로 나오고 있는 것이 아닌가? 어디 가느냐고 했더니 땅을 구입한 곳에 부적을 묻으러 간다고 나갔다. 그 뒷모습을 바라보며 무릎을 꿇고 통곡하며 기도를 드렸다. 저 땅은 없어져도 좋으니 부적 사용은 끝이 나게 해달라고 기도했다. 그러자 얼마 가지 않아 부도가 났고, 그 땅은 송두리째 날아가 버렸다.

"나의 하나님이여 내가 주의 뜻 행하기를 즐기오니 주의 법이 나의 심중에 있나이다 하였나이다"(시편 40편 8절)

"의인의 적은 소유가 많은 악인의 풍부함보다 승하도다"(시편 37편 16절)

"또 여호와를 기뻐하라 저가 네 마음의 소원을 이루어 주시리로다"

(시편 37편 4절)

남편은 다시 낙심했다. 놀랍게도 다시는 예수 믿어 재수 없다는 말을 하거나 부적 쓰는 일은 없었다. 일어날 힘조차 없이 낙심하고 있는 남편에게 한 마디 건넸다. "하나님께서 당신을 사랑하고 계시고, 또 축복하신다고 말씀하셨어요. 힘을 내세요." 그랬더니, "그래, 기분 좋은 소리구나! 당신이 점쟁이야?" "점쟁이는 귀신의 일밖에 모르지만, 나는 하나님의 일까지 아는 하나님의 딸입니다. 그 대신 하나님 앞에 나오시기만 하면 가장 좋은 것으로 주신다고 했어요." 그 말이 끝나

자마자 남편은 벌떡 일어나 밖으로 나갔다.

남편은 삼 일 만에 집수리를 하는 조그만 공사를 맡았다. 그 후 부동산에 투자를 하게 되었는데, 부동산을 살핀 후 정수장 부근의 그린벨트로 묶인 땅을 그 당시로는 상당한 돈으로 구입했다. 투자한 사람들의 불평이 많았다. 잔금을 다 치르고 나서 두 달 못 가서 그린벨트가 풀리고 땅값을 4배로 비싸게 받게 되었다. 2년 동안 허락하신 몇 번의 기적을 통해 남편의 입에서 다시는 하나님 욕하는 소리를 못하도록 마으신 것이다.

그 후 가족들 한 사람 한 사람씩 교회에 등록하면서부터 집안에 제사와 굿하는 일 등이 모두 없어졌다. 그리고 음력 정월 초하루에는 내가 예배를 인도하고 막내 삼촌이 기도를 하는 믿지 못할 역사가 이루어졌다. 뿐만 아니라 추석 명절과 부모님 생신 때에도 모두 예배를 드려 하나님께 나아가게 되었다. 하나님은 내게 "네가 의를 사랑하고 불법을 미워하였으니 그러므로 하나님 곧 너의 하나님이 즐거움의 기름을 네게 부어 네 동류보다 승하게 하셨도다"라는 말씀처럼 말씀을 깨닫는 지혜와 기도의 영을 주셨을 뿐만 아니라 그 많은 핍박 속에서도 감사하고 항상 기쁘게 살 수 있도록 해주셨다. 뿐만 아니라 생활이나 기도 가운데 주께서 내 기도를 들어 주시고 세미한 음성을 들려 주셨으며, 아브라함의 친구 되신 하나님께서 나의 친구가 되셔서 하나님 나라에 대한 비밀의 말씀을 주시기도 했다.

가까운 친구는 마음으로 통하여 모든 비밀까지 나눌 수 있듯이 교회를 걱정하시는 주님의 음성을 들었을 때 지금까지의 개인적인 걱정

으로 흘린 것보다 더욱 많은 눈물을 쏟기도 했다. 지금 내가 해야 할
일이 무엇인지 구하면 하나님께서는 무엇 무엇을 하라고 하셨고, 그
대로 순종했을 때 반드시 하나님께 영광을 돌리게 되었다.

의인으로서 악인역, 악인으로서 의인역

어머님과의 대화가 늘 매끄럽지 않아 마음이 쓰였다. 결혼 후 삼십 년 된 오늘날까지 칭찬을 들어 본 일이 없고 책망과 원망만 듣고 살아왔다. 누구에게도 칭찬이 인색한 성품이시기에 모두들 자리를 피하려고 해서 친구가 없고 외로운 인생을 사시고 있다. 남편인 시아버님에게도 평생 원망을 하며 살고 계신다. 아버님도 성격이 맞지 않아 불만스러우면서도 참고 평생을 살아오셨다. 결혼한 지 삼 년 쯤 지났을 때 시아버님께서 한숨을 내쉬면서, "네가 고생이 많다. 네 시어머니는 원래 성품이 그러니 네가 이해하라. 나도 힘들어 젊을 때는 별 생각을 다 해봤단다. 헤어져 새로운 삶을 살아볼까 하는 생각도 해봤지만, 자녀들과 집안 관계가 어지러워지는 것이 싫어서 지금까지 참고 살아왔다."고 말씀하셨다.

아버님을 생각하면 너무 불쌍하다. 아내의 따뜻한 사랑과 배려와 존경을 받지 못하고 살아 오셨다. 언젠가 담석증으로 수술을 받고 병원에 계셨는데, 내가 간호를 하다가 어머님과 교대를 했다. 병원에 오신 어머님은 환자 간호보다 병원 취사실이 더럽다고 대청소를 하시면서 무슨 병원이 이렇게 더럽냐고 성화를 하셔서 병원 내 소문이 자자했다. 주위 사람들이 며느리 욕보겠다며 혀를 끌끌 차기도 했다. 누워 계시던 아버님은 기가 막혀 말씀도 못하셨다. 그러나 오히려 어머님은 옛날부터 아프셨던 것까지 이야기를 하시면서 아픈 것도 진저리난다며 아버님에게 불평을 하시다가 돌아가셨다.

시부모님 두 분 모두 간간이 편찮으셔서 병원 생활을 하셨다. 어머님이 병원에 입원해 계실 때면 언제나 하시는 말씀이 있는데, 생전에 안 아픈데 이번이 처음이라고 하신다. 식구들은 씩 웃음으로 넘긴다. 하지만 늘 이런 어머님의 편이 되어 역성을 들어 주시는 아버님이 내가 보기에는 불공평하고 불만스러울 수밖에 없었다. 아버님도 어머님의 치마폭에 싸이니 어쩔 수 없었다. 형제들도 어머님의 성격 때문에 어릴 때부터 불만이 많았어도 그러려니 하고 어머니의 의견에 수긍하고 넘기는 분위기였다. 역시 며느리의 외로움은 어쩔 수 없나보다.

남편이 재산이 많아 돈을 만지고 있으니 친정 부모 형제에게 주는가 하고 오해의 눈빛으로 항상 나를 쏘아 붙인다. 그런 오해의 말들이 나를 격분하게 한다. 남편과 내가 자립해서 번 돈이 아니라 부모님 재산으로 사업을 하고 있기에 양심에 꺼려 어렵게 공부하는 동생들에게 차비 한 푼 도와주지 못했다. 동생들 역시 바라지도 않았다. 어릴 때부터 자립심을 부모로부터 배우고 자랐기 때문이다. 오해를 받고 있다는 스트레스로 인해 돈 쓰는 데 주눅이 들어 친정 행사에 예의를 갖추지 못하고 살아왔다. 내가 사고를 당해 병원에 입원해서 대소변을 받아낼 때의 일이다. 시댁 가족 앞에 대변을 해결하기가 어려워 큰동생이 병원에 와서 돌봐 주었다. 남편이 동생에게 차비 주는 것을 시누이가 함께 있으면서 보게 되었다. 그러니 더욱 그럴 수밖에 없었다. 그러던 중 큰동생의 결혼 날이 되었고, 나는 작은아이를 임신 중이었다. 문득 아래층 안방에서 부모님과 남편이 싸우고 있는 듯한 소리가 들렸다. 흘러나오는 내용을 들어보니 처가에 돈 빼준다고 싸움이 난 게 아닌가? 듣고 있던 나는 쓰러지다시피 자리에 누웠고, 남편은 밖을 나갔다. 결국 결혼식은 가지도 못하게 되었다.

"가난한 자를 조롱하는 자는 이를 지으신 주를 멸시하는 자요 사람의 재앙을 기뻐하는 자는 형벌을 면치 못할 자니라"(잠언 17장 5절)
'네 손이 선을 베풀 힘이 있거든 마땅히 받을 자에게 베풀기를 아끼지 말며 네게 있거든 이웃에게 이르기를 갔다가 다시 오라 내일 주겠노라 하지 말며'(잠언 3장 27-28절)

남편은 친정아버지가 돌아가시자 사위라고 묘지를 사드렸다. 그후 친정어머니가 쓰러져서 병원에 입원했을 때에도 남편이 병원비를 지불했다. 물론 나와 의논을 하지 않고 혼자서 결정한 일이다. 그 후 내가 어려웠을 때 우리 작은 아이의 병원비와 큰 아이의 등록비, 남편이 뇌수술을 받았을 때의 병원비 등을 친정 올케 언니가 다 내주었다. 어려울 때 도움을 받았다고 고마워하면서 몇 배의 은혜로 되갚아 준 것이다. 그렇게 많은 돈이 없어지기 전 있을 때 베풀고 살았더라면 내가 어려워서 동생과 오빠에게 신세지게 될 때 부끄럽지 않았을 텐데 하는 생각이 들었다. 형제들에게 너무 미안해서 몸 둘 바를 몰랐다. 예수 믿고 호된 연단 속에서 경제적 고통이 말을 못할 만큼 어려워 고생하는 언니를 두고 볼 수 없어 있는 것, 없는 것 다 도와주고 함께 고생하는 동생들을 어머님은 너무나 당연하다는 듯 생각하시는 것이다. 이상하다 싶었는데 알고 보니 옛날에 내 돈 많이 가져 갔는데 지금 좀 도와주는 게 대수냐는 것이었다. 어쩌면 끝까지 나를 분노케 하는지 견딜 수 없어 하나님께서 지금까지 나를 지켜보셨으니 내 마음에 평안을 달라고 울부짖으며 기도한 후에야 모든 것을 잊을 수 있었다. 어머님은 당신 생각이 옳다고 생각하시면 절대 굽히지 않기 때문에 풀 수 없는 문제였다. 그때 상황을 필름으로 돌려 눈으로 보게 하시면 그 때야 시인하실까 싶을 정도였다.

이런 우리 어머님을 하나님이 사랑하셔서 구원하셨다. 교회 나오신지 삼 개월 정도 되었을 때 새벽기도를 다니시다가 새벽에 교회 앞에서 신문 배달 자전거에 부딪혔다. 무릎 뼈가 심하게 상했고, 인공뼈로 대체하는 큰 수술을 받으셔야 했다. 아주 작은 키에 팔십 킬로그램이 넘는 체격이신지라 불볕더위에 땀으로 범벅이 되어 계속 수건으로 닦아 내야 했다. 대소변도 받아 내었다. 나는 예수 믿는 어머님이 고맙고, 더구나 새벽기도 가시다 일어난 일이라 더욱 안쓰러워 대변을 받아내도 냄새가 나지 않을 만큼 즐거이 모셨다. 음식도 정성껏 챙겨 드렸다. 이것저것 챙겨 드려도 드시지 않으시고, "내 변을 받는 네가 겉으로는 괜찮다지만 속으로는 얼마나 욕하겠노?" 하셨다. 그래서 싫으시다는 것이다. 이것 참 기막힌 일이다. 효도와 사랑을 받을 줄 몰라 받지 못하니 어떻게 설명해야 할지, 아니 설명이 필요 없다. 어머님에게는 한 번 생각하시면 그것이 법이기 때문이다.

그래도 지난날 믿음 생활 핍박할 때를 생각하면 감사할 수밖에 없다. 구역 예배를 드리기 위해 이집 저집을 심방해서 구역 식구들을 인도하는 뒷모습을 몰래 숨어서 따라다니며 감찰했다가 아버님께 일러서 동네방네 혼나게 만들었던 그 어머님이 새벽기도라니 이것이 웬 축복인가? 결국 6개월을 병원에서 고생하시다가 퇴원하셨다. 연세는 많으셔도 휙휙 날아다니시면서 늦다고 책망하시던 어머님이 다리를 저시는 모습을 뵈니 안타까웠다.

어머님은 건강이 회복되면서 또 다시 새벽기도를 시작하셨다. 새벽에도 항상 일등으로 오시고 맨 마지막까지 계셨다. 축복을 제일 많이 받고 싶으셨던 것이리라. 한참 동안 기도를 하시다가 눈을 떠보고 누가 앉아 있으면 그 사람이 나갈 때까지 기도하신다. 그리고 아무도 없으면 집으로 돌아오신다. 성경과 찬송에 대해서도 더 알려고 애쓰시고 모르는 것에 대해서는 자존심이 상하여 속상해 하신다. 무엇이든지 당신이 제일 일등이 되어야 직성이 풀리는 성품이다. 모든 일들이 당신 마음에 맞아야만 만족하고, 다른 사람은 생각지도 않으신다.

어머님을 바라보고 있노라면 너무 피곤한 삶을 살아가고 계신 것 같았다. 당신의 만족감 때문에 얼마나 육신이 피곤하도록 사시는지 자신뿐만 아니라 주위 사람도 피곤하게 만드는 삶이다. 당신처럼 살지 않는다고 달달 볶는 성품이기 때문이다. 부지런한 것도, 여가를 가지는 것도, 삶을 누리는 것도 주 안에서 균형을 이루면서 살면 아무 문제가 없다. 하지만 젊을 때에 몸이 상할 정도로 뒤를 생각지 않고 재산을 모았어도 죄악 가운데 있으면 마귀에게 다 빼앗긴다. 어머님 또한 그 많은 돈을 다 먹어보지도 써보지도 못하고 탄식을 하셨다. 그건 바로 주님 없이 산 자연스러운 결과였다.

> "네가 악을 행하여 그를 잊으므로 네 손으로 하는 모든 일에 여호와께서 저주와 공구와 견책을 내리사 망하여 속히 파멸케 하실 것이며"
> (신명기 28장 20절)
> "네 토지 소산과 네 수고로 얻은 것을 네가 알지 못하는 민족이 먹겠고 너는 항상 압제와 학대를 받을 뿐이리니 이러므로 네 눈에 보이는 일로 인하여 네가 미치리라" (신명기 28장 33-34절)

내가 하나님을 만나고 진리를 알고 나니 그런 생활이 너무나 안타깝게 느껴졌다. 예수 믿지 않을 때에도 노예 같은 생활이 싫었고 어머님을 벗어나고 싶었는데, 진리를 알고부터는 헌신과 봉사가 동반되면서 어머님의 성화는 더욱 대단해지셨다. 금곡제일교회에서 사역할 당시 부모 잃은 초등학교 3학년 학생이 배가 고파서 찾아왔다.

"전도사님, 밥 좀 주세요. 너무 추워요."

사라지지 않는 하나님의 찾아감

누가 이 아이를 박대할 수 있을까? 데려다가 교회에서 먹이고 재운 일이 있었다. 그러자 어머님은 조카들이나 더 돌볼 것이지 남의 아이에게 신경 쓴다고 아버님까지 동원해 야단을 하셨다. 조카들은 부모 밑에서 사랑 받으면서 잘 자라고 있는데 왜 성화를 내시는지 알 수 없었다. 고아를 돌보고 축복받는 일에 철저히 방해를 하시는 것이다.

말씀으로 설명을 드려도 당신 생각만이 확고한 진리라고 믿으셨다. 옆에 계신 목사님과 사모님에게까지 삶이 이러니 저러니 간섭하시니 며느리 하는 일에야 오죽 하겠는가? 결국 남편에게 말도 못하고 사표를 내고 떠나게 되었다. 부모님을 모시면서 사역하는 길이 너무나 어려웠다. 이 후 어머님은 바로 자궁암에 걸렸다. 작은 동서 집에 기거하시면서 울산대학병원에서 암 제거 수술을 받았다. 하지만 허파와 위까지 암세포가 전이 되어 의사는 2개월 정도밖에 살 수 없다고 했다.

동서들은 "형님, 어떻게 기도 할까요?" 하며 염려했다. 나는 동서들에게 "하나님께서 은혜 주시는 대로 기도하라."고 말할 수밖에 없었다. 하지만 어머님은 동서와 함께 계시면서도 또 부딪히기 시작했다. 어디를 가도 함께 있기만 하면 불평 때문에 집을 시끄럽게 만들어 가셨다. 막내 동서 집에 가셔도 딸네 집에 가셔도 불평하셨고, 당신 마음에 들지 않으면 섭섭한 나머지 분에 가득 차 입을 다무시는 모습을 보면서 가슴이 무너지는 듯했다.

'너희 허물이 이러한 일들을 물리쳤고 너희 죄가 너희에게 오는 좋은 것

을 막았느니라"(예레미야 5장 25절)

"그러나 네 모든 죄로 인하여 네 사경의 모든 재산과 보물로 값없이 탈취를 당하게 할 것이며"(예레미야 15장 13절)

무너지는 가슴을 안고 매일 기도할 때마다 예수의 피로 온 가족의 죄와 허물을 용서해 달라고 눈물로 기도했다. 아닌 게 아니라 모든 형제와 우리 집마저도 경제적인 어려움이 극도에 이르게 되었고, 질병에도 시달렸다. 물론 나는 사역을 쉬고 있었다. 그렇다고 무엇을 해본들 어느 것도 돈벌이가 되지 않았다. 어머님은 함께 예수를 믿으면서도 예수님보다 부모님을 더 사랑하고, 십일조 내지 말고 부모에게 달라고 하시니 내가 어찌 순종하겠는가? 어머님은 여전히 내가 전심으로 하나님을 섬기는 것을 허용하지 못하시는 것이다.

새벽에 어머님을 위해 기도하는 가운데 하나님께서 치료해 주셔서 우리 집에 여러 가지 축복을 통하여 부모님의 입으로 직접 하나님 영광을 받으신다는 응답을 주셨다. 하나님은 그 말씀하심과 동시에 어머님의 암이 완전히 치료되도록 하셨다. 병원 치료를 받거나 그 어떤 약도 전혀 쓰지 않았다. 물론 식이 요법도 없었다. 게다가 어머님은 큰며느리와 함께 살고 싶어 하셨다. 물론 함께 살면서 또 불평뿐만 아니라 하나님을 섬기는 일에도 여전히 간섭하셨다.

그런데 이번엔 현관 앞에서 넘어지면서 팔뼈가 부러져 수술을 받아야 된다는 진단을 받았다. 나는 수술을 연기하고 어머님께 회개를 하시도록 말씀드렸다. "큰며느리는 어머니의 며느리가 아니고 하나

님의 며느리라고 하나님께 던져 버리세요. 어머님께서 저에게 간섭
하실 때마다 하나님께서 어머님께 손대시는 것을 느끼지 않으십니
까?" 어머님도 인정하시고 눈을 감고 회개하셨다. 그리고 기도해 드
렸더니 그냥 나아서 삼 일 정도 있다가 퇴원하게 되었다.

어머님이 나에게 불평을 하시면 그 때마다 하나님은 함께 살지 못
하도록 하셨다. 얼마간 잠잠하시더니 또 다시 불평이 시작되었다. 하
나님께서 이번에는 일본으로 나를 보내셨고, 어머님을 섬기지 못하
도록 환경을 이끌어 가셨다. 삼 년이란 기간 동안 떨어져 있게 하셨
다. 그러나 떠나 있으면서도 내 몸과 마음은 가시방석이었다. 여든이
넘어선 부모님을 두고 타지에 있다는 것이 못내 죄송스러워 다시 모
시게 해달라고 눈물로 기도했다. 그러자 하나님은 다시 고국으로 부
르셨고, 어머님께 이제 다시는 불평하시면 안 된다고 부탁을 드렸다.
가난한 살림이었지만, 함께 살도록 하나님께서 허락해 주셨다.

나도 나이가 들어 웬만하면 직장을 가지려고 해도 마땅치 않았다.
마침 가을이 되어 붕어빵 장사를 하기로 했다. 부모님을 두고 갈 수가
없어 사역지로 나갈 수가 없었다. 수양관을 만들겠다는 꿈도 잠시 제
쳐 둘 수밖에 없었다. 붕어빵 장사를 하면서부터 어머님은 또 불평을
시작하셨다. 물론 아버님까지 동원해서 극치에 달할 만큼 불평하셨
다. 이번엔 아버님께서 병환으로 입원하게 되었고, 남편 또한 병으로
입원하게 되었다. 그러자 하나님의 명령으로 사역지 발령이 났다. 이
번에는 부모님과 함께 할 수 없음을 깨닫고 부모님을 떠나왔다.

결국 어머님 홀로 계시게 되었다. 어머님은 당신의 입으로 예수를

믿으면서도 물질의 어려움을 당하게 될 때마다 작은 집의 네 형님은 복도 많더라, 누구네 집은 복도 많더라 하시면서 예수 믿지 않고 잘 사는 사람들을 들먹이셨다. 늘 말씀하시는 집이 여덟 가정 정도 있었다. 그러면서 네가 예수 믿어도 잘된 것이 무엇이냐며 공격적인 말씀을 하셨다. 물질 때문에 힘들어 혼쭐이 나서 정신을 못 차리는 며느리에게 있어 어머님의 공격수는 만만치 않았다.

그런데 일본에서의 사역을 마치고 3년 후 돌아와 보니 그 여덟 가정이 완전히 망해서 결국 어머니의 입을 다물게 하셨다. 하나님께서 여든이 넘는 노인의 입까지 다듬으셔서 그를 통해 영광을 받으시려고 하는데 젊은 우리들에게는 어찌 연단하시지 않겠는가? 하나님은 어머님께 행하시는 섭리를 보이심으로써 나의 생활을 더욱 긴장케 하셨다. 하나님의 일꾼으로 살기로 작정했으니 당연히 연단 받아야 됨을 깨닫게 하셨다.

그러나 수 십 년의 신앙생활 속에서 주님을 만난 어머님은 점차 불평을 줄이시고 하나님을 경외하는 마음과 감사의 마음을 키워가시면서 의인으로서의 악인역의 삶을 차츰 버리기 시작하셨다. 한편 나는 악인으로서의 의인역이 갈수록 힘들어 말씀이 내 발을 붙들고 성령께서 나를 밀지 않고는 도저히 견딜 수 없음을 깨닫고 날마다 기도를 쉴 수가 없었다. 어머님의 핍박과 조롱 가운데서도 예수님의 마음, 즉 온전한 마음으로 당신을 사랑하도록 하나님께서 훈련하셨고, 특별히 참고 인내하는 믿음을 갖도록 축복하셨다. 그래도 미운 정 고운 정이 들어 더욱 사랑하며 공경하게 되었다. 사람의 사랑과 노력으로 화평을 이룰 수 없는 고부 사이의 사랑을 하나님께서 이루어 주셨다. 옛날에는 네가 무슨 전도사냐, 실력이 없어 개척 교회밖에 못 가지 않느냐며 작은 교회를 무시하기도 했다. 그렇다고 설명을 드리면 도리어 딱잘라 책망하셨다. 다 망한 거지들만 교회 가지, 잘 사는 사람이 왜 교회 가느냐고 하셨다. 그 말에도 맞는 부분이 있다. 우리 집만 해도 온 가족에게 물질이 넘치니 아무도 예수를 믿으려 하지 않았기 때문이다.

"어머님, 거지된 우리를 세상 사람들은 외면하지만 예수님이 반겨 주시니 얼마나 고마워요. 예수님은 부자입니다. 이제 예수 잘 믿으면 우리도 부자가 됩니다."

그러나 우리 어머님은 잘 믿는 것이 기도 일등하면 제일 잘 믿는 것으로 여기셨다.

"잘 믿어도 소용없네."

"어머님, 예수 잘 믿는 것은 하나님의 말씀대로 살아야 잘 믿는 것입니다."

예전에는 이렇게 말씀드리면 시끄럽다고 하셨는데, 이제는 많이 연단을 받으셔서 그래 네 말이 옳다고 인정하시면서 순한 양같이 달라지셨다. 아버님께서 나중에 귀띔해 주셨다.

"애야, 네가 설명한 후에는 일주일 내내 조용했단다."

아버님과 어머님께서 이제 참 예수님을 만난 것이다. 아버님도 착한 양같이 변하셨다. 역시 여자의 치마폭이 강함을 느꼈다. 나도 의의 치마폭 세력을 더욱 강하게 하여 남편을 그 폭에 싸게 되니 이 또한

축복이다. 의의 치마폭이 되신 예수님께 감사와 영광을 돌린다. 어머
님의 손부들도 의의 치마폭을 예수님께 선물로 받아 자자손손 화평이
신 예수님께서 우리 가문에 왕으로 좌정하사 영원히 화평한 가문이
되게 하시기를 기도한다.

"내가 너희에게 참된 말을 하므로 원수가 되었느냐"
(갈라디아서 4장 16절)
"나의 가는 길을 오직 그가 아시나니 그가 나를 단련하신 후에는 내가 정
금같이 나오리라" (욥기 23장 10절)

복지선교와 수양관의 꿈을 주셨다

막내 동생은 우리 가정에 복음의 기초를 놓은 사람이었다. 친정아버지의 철저한 유교사상 때문에 5살 때 큰 교통사고를 당해 죽을 뻔했으나 다행히 하나님의 은혜로 오른쪽 다리만 부상을 입고 오랜 세월 고생했다. 막내 동생은 초등학교 5학년 때 우연히 교회를 다니게 되었는데, 그것이 온 가족을 복음화하는 기초가 된 것이다. 동생은 외로이 신앙생활을 하다가 믿음이 있는 남편을 만나 결혼을 하게 되었다. 동생 부부는 전원생활을 좋아했으며, 특히 제부는 큰 목장을 가지는 것이 일평생 소원이었다. 믿음도 좋고 성실하며 근면했지만 자본이 없었다. 그래도 마음껏 사용할 수 있는 넓은 목초지와 밭농사를 지을 수 있는 밭, 소를 키울 수 있는 시설은 준비되어 있었다.

처음에는 농사짓는 일부터 시작하여 염소를 기르다 실패하고 다시 젖소를 기르기 시작했다. 전기가 없었기 때문에 일일이 수작업으로 해야 했을 뿐만 아니라 소를 기르는 것은 하나님의 은혜를 입지 않고는 성공할 수 없음을 체험케 하셨다. 송아지가 태어나면서 죽기도 하고, 낳아도 자라다가 다 커가면서 죽을 때도 있고, 병이 들어 밤새 간호하고 기도해야 하고, 또 송아지를 낳을 때면 밤을 새워야 할 때도 있었다.

가을부터 늦봄까지 남의 논 400-500 마지에서 짚을 손수 거둬들여 소의 양식을 마련했다. 돈을 주고 사면 몸은 편하지만 남는 게 없기 때문에 이렇게 절약하지 않으면 안 되었다. 제부의 고생도 말로 표현할 수 없을 정도였다. 인부를 들이지 않고 혼자 몸으로 남자로서 해야 할 일을 감당해야 했다. 추운 겨울에 우유를 짜긴 했지만 차가 없어서 우유 한두 통을 경운기에 싣고 두 시간을 오가는 길에 손발이 얼어붙기도 했다. 그 후 자동차를 산 뒤에는 짚을 실어 나르다가 대형사고로 다치기도 하고, 여러 번의 사고로 목숨을 잃을 뻔도 했다. 교회와 형제를 놀라게 한 적도 한두 번이 아니었고, 일이 잘 되지 않으면 하나님을 원망하여 하나님께로부터 많은 야단을 맞기도 했다.

동생에게 더 큰 믿음과 영적인 눈을 뜨게 하기 위해 제부로부터 훈련을 받게 하신 것이 아닐까 싶었다. 일중독이라고 할 정도로 열심이던 제부는 빨리 기반을 잡아 주님의 일을 하자며 바쁘면 주일도 거르게 했고, 100두나 되는 소를 기르게 되면서 하나님으로부터 혹독한 훈련을 20년 동안이나 받아야 했다. 그 어떤 말도 통하지 않았고, 몸과 마음이 다 지쳐 있어도 새벽 네 시에 어김없이 기상하여 저녁 늦게까지 중노동을 했다. 그러면서도 한 번도 빠지지 않고 새벽기도의 훈련을 시키셨다. 마치 요셉이 종으로 팔려가 종살이를 하듯이 그렇게 훈련을 시키면서 내면적으로 영적인 눈을 뜨게 하셨다. 점점 더 주님의 말씀을 갈망하게 되었고 계속되는 고생을 통해 인내를 이루었다.

일과 물질과 핍박을 통해 더욱더 믿음을 단단히 다져 갔다. 인간적인 심정으로는 남편과 이혼했으면 좋겠다는 마음이 들기도 했지만 하나님의 어떤 깊은 뜻이 있으리라는 기대로 모든 교회 형제들이 중보기도를 하며 지켜보는 가운데 조카가 점점 자라면서 신앙이 깊어져 갔고 주님의 대해 원대한 꿈을 가지게 되었다. 동생의 신앙도 깊어졌으며, 늘 힘들어도 찬양하며 주님께 감사의 생활을 했다. 제부도 늘 강퍅하기만 한 것이 아니라 물질이 풍성할 때는 물질로 주님께 헌신하기도 하며 주님을 뜨겁게 사랑하는 마음이 그 내면에 흐르고 있었다. 언제가 주님을 바로 바라볼 수 있을 때에는 반드시 큰 일꾼이 되리라 믿었다.

내가 일본생활을 마치고 돌아왔을 때 동생은 큰 밭을 일구어 놓고 나의 손을 기다리고 있었다. 6개월 동안 생전 이렇게 힘든 일을 해 본 적은 처음이었다. 마치 고넬료가 보낸 사람을 따라가며 주님의 뜻을 이해하지 못하던 베드로처럼 왜 이렇게 갑자기 일본에서 나오게 하시는지, 동생 집에서 또 다른 훈련을 시키시는지를 생각하며 주님의 뜻을 기다리고 있던 중에 성령의 음성이 들려왔다. 그 넓은 터 위에 수양관을 세워 앞으로 영혼이 지치고 육신이 지친 자, 쫓겨난 자, 원통한

자, 방황하는 자들을 섬길 뜻을 소명으로 주셨다. 실낱같은 희망도 보이지 않던 이 시점에 수양관을 세우라는 명령은 우리에게 큰 기쁨을 주시는 것이었다. 복지선교와 양로원을 겸하는 비전을 주셨고, 또 나그네 대접하는 사역을 비전으로 주셨는데 반드시 될 줄 믿고, 여러 면으로 함께 일할 동역자를 주실 것도 확실히 믿는다.

그의 나이 백 세에 아들 이삭을 얻은 아브라함에게 하신 것처럼 모든 것을 협력하여 선으로 이루실 줄 믿어 의심하지 않는다. 인내의 믿음과 소명을 주신 하나님께 감사와 영광을 돌린다.

"여호와의 말씀에 가련한 자의 눌림과 궁핍한자의 탄식을 인하여 내가
이제 일어나 저를 그 원하는 안전지대에 두리다 하시도다"
(시편 12편 5절)
"환난당한 모든 자와 빚진 자와 마음이 원통한 자가 다 그에게로 모였고"
(사무엘상 22장 2절)

6.
연약한 나를 향한
하나님의 식지 않은 첫사랑

"가서 예루살렘 거민의 귀에 외쳐 말할찌니라
여호와께서 이같이 말씀하시기를 네 소년 때의 우의와 네 결혼 때의 사랑 곧 씨 뿌리지
못하는 땅, 광야에서 어떻게 나를 좇았음을 내가 너를 위하여 기억하노라"(렘 2:2)

사랑하는 아들아 여호와만 사랑하라
희고 순결한 목련화야, 샤론의 꽃을 만나니 네가 부럽지 않구나
첫사랑을 잃고 실패한 분들을 거울 삼아

사랑하는 아들아 여호와만 사랑하라

"하늘이여 귀를 기울이라 내가 말하리라 땅은 내 입의 말을 들을지어다 나의 교훈은 내리는 비요 나의 말은 맺히는 이슬이요 연한 풀 위에 가는 비요 채소 위에 단비로다 내가 여호와의 이름을 전파하리니 너희는 위엄을 우리 하나님께 돌릴지어다 그는 반석이시니 그 공덕이 완전하고 그 모든 길이 공평하며 진실무망하신 하나님이시니 공의로우시고 정직하시도다 그들이 여호와를 향하여 악을 행하니 하나님의 자녀가 아니요 흠이 있는 사곡한 종류로다 우매무지한 백성아 여호와께 이같이 보답하느냐 그는 너를 얻으신 너의 아버지가 아니시냐 너를 지으시고 세우셨도다 옛날을 기억하라 역대의 연대를 생각하라 네 아비에게 물으라 그가 네게 설명할 것이요 네 어른들에게 물으라 그들이 네게 이르리로다 지극히 높으신 자가 열국의 기업을 주실 때, 인종을 분정하실 때에 이스라

엘 자손의 수효대로 민족들의 경계를 정하셨도다 여호와의 분깃은 자기 백성이라 야곱은 그 택하신 기업이로다 여호와께서 그를 황무지에서, 짐승의 부르짖는 광야에서 만나시고 호위하시며 보호하시며 자기 눈동자 같이 지키셨도다 마치 독수리가 그 보금자리를 어지럽게 하며 그 새끼 위에 너풀거리며 그 날개를 펴서 새끼를 받으며 그 날개 위에 그것을 업는 것같이 여호와께서 홀로 그들을 인도하셨고 함께한 다른 신이 없었도다"

(신명기 32장 1-12절)

아들아, 하나님 한 분만으로 만족하여야 한다. 다른 어떤 것에도 만족이 없단다. 만물들은 모두 썩어지는 것뿐이란다. 네 아빠는 세상에 좋은 것, 부족한 것 없이 가지고 누려 보았지만 결국 믿음도, 마음도, 정신도, 육체도, 연약한 것밖에 남은 것이 없었던 것을 보고 배워야 해. 작은 아들은 엄마가 너무 희생한 것이 억울하다고 하지만, 그게 아니야. 엄마는 아무 것도 잃어버리지 않았어. 오히려 모두 얻었단다.

조상 대대로 섬기던 귀신들이 엄마를 쫓아내려고 부모님과 남편, 그리고 자식들까지 동원해 감정을 돋우면서 이혼하게 만들어 며느리의 자리와 아내의 자리 그리고 엄마의 자리를 빼앗고 내쫓으려고 발버둥을 쳤다. 하지만 온갖 질병과 신경성 스트레스로 엄마의 모든 것과 생명까지 남김없이 빼앗으려는 마귀들의 손아귀에서 인도하시고 살리시고 축복하신 그 분을 내가 어찌 잊을 수 있을까? 그분이 마침내 여리고성을 무너뜨리시고 우리를 구원하셨단다. 작은아들의 생명을 빼앗으려다 실패하고 나서 할아버지를 천식으로, 할머니는 자궁

암이 위와 허파까지 전이되는 상태까지 몰고 갔지만, 결국 하나님께서 건져 내셨단다.

큰아들이 의대에서 공부하는 것이 심술 나서 자살 소동을 일으키던 골리앗 같은 사단의 권세를 무너뜨린 여호와 전능자여, 당신은 며느리, 아내, 엄마, 큰엄마, 외숙모 등 엄마의 이 모든 자리를 빼앗기지 않도록 그 모든 것을 그리스도로 정복하셨습니다. 우리 주님이 승리하셨고 우리는 해방되었단다. 이제 빼앗긴 것을 건져 주시는 것이 남았는데 아마 우리가 사용하는 지혜가 부족한 것 같구나. 하나님은 우리로 하여금 지혜를 구하여 뜻대로 사용되는 방법까지 가르쳐 주심으로 대대에 당신의 영광을 받으시기 원하신다. 그 은혜를 결단코 잊을 수 없기에 시원한 반석과 같은 믿음으로 끝까지 섬기기를 소원한단다.

예수님 안에서 영적 부모가 되어 주셔서 이 모양 저 모양으로 도와주신 목사님, 최 장로님, 안 집사님, 신 집사님 외 여러 집사님과 친척들의 은혜를 어찌 잊으리오. 주님은 오랜 세월 동안 받은 은혜를 잊지 않고 감사하는 마음으로 우리도 은혜를 베풀며 살도록 축복해 주셨단다. 우리는 해방되었고, 결박은 풀렸으며, 또한 구원 받았단다. 여호와 하나님은 전능자이심을 모든 사람에게 선포하고 자자손손 전하자. 모든 영광을 하나님께 돌리자.

희고 순결한 목련화야,
샤론의 꽃을 만나니 네가 부럽지 않구나

예수님을 만나기 전에 나는 명곡과 가곡을 좋아하며 즐겨 불렀다. 그 중 김동진 선생님이 작곡하신 "목련화"를 무척 좋아했었다. 그 가사의 내용처럼 순결하고 깨끗하고 아름답고 강인하게 살고 싶었다. 추운 겨울을 이겨내고 미처 추위가 가시기도 전에 희고 순결한 모습으로 피어나는 목련화를 쳐다보면서 어찌그리 강한지, 겨울 동안 춥지는 않았는지 궁금했다. 나 같으면 넘어졌을 것이다.

오 내 사랑 목련화야 그대 내 사랑 목련화야

희고 순결한 그대 모습 봄에 온 가인과 같고 추운 겨울 헤치고 온

봄 길잡이 목련화는 새 시대의 선구자요 배달의 얼이로다

오 내 사랑 목련화야 그대 내 사랑 목련화야

오 내 사랑 목련화야 그대 내 사랑 목련화야

그대처럼 순결하게 그대처럼 강하게

오늘도 내일도 영원히 나 아름답게 살아가리

오 내 사랑 목련화야 그대 내 사랑 목련화야

오늘도 내일도 영원히 나 아름답게 살아가리라

피아노 바주집이 없어서 책방마다 돌아다니며 찾아서 매일같이 건반을 두드려 보고 불렀었다. 간혹 부를 때마다 어린 큰아들이 뒤에서 하하하 웃어댔다. 그리고 나의 인생에도 무섭고 추운 겨울이 찾아왔었다. 너무나 무섭고 추웠다. 온몸이 꽁꽁 얼어붙었고, 일어나려고 갖은 애를 다 쓰다가 다시 쓰러지고 말았다. 넘어진 자국에 멍이 시퍼렇게 나고, 온갖 오염으로 더럽혀졌었다. 반복되는 나의 삶은 죄 가운데 낙망과 좌절뿐이었기에 한결같이 피어나는 목련화가 부러웠다. 언제나 내가 맞는 새봄은 목련화의 찬란함 앞에 부끄러울 따름이었다.

그러던 어느 날 목련화보다 더 아름다운 샤론의 꽃을 만났다. 그가 멍든 상처를 치료해 주셨고, 죄와 오염으로 물든 내 옷을 벗기고 내 손을 잡아 주셔서 무너지지 않는 길로 인도해 주셨다. 때때로 넘어지면 언제나 일으켜 주셨고, 더러워진 내 옷을 다시 빨아 입혀 주셨다. 춥고 무서운 겨울에는 나를 업어 주셨고 안아 주셨다. 겨울을 잘 나게 되었고, 그의 순결함과 아름다움에 접붙게 되었다. 나도 이제 샤론의 꽃향기가 피어나게 되었다. 이제는 목련화가 부럽지 않다. 그리고 찬송가 89장 "샤론의 꽃 예수"라는 찬송이 나의 주제곡이 되었다. 샤론의 향기가 흠뻑 젖고 진하게 풍겨지는 것이 나의 소원이 되었다.

수 년 전 권사님이 전도사님은 무슨 냄비이기에 항상 끓느냐고 물었다. "예수 냄비지요." 처음 예수 믿고 첫사랑에 흠뻑 젖어 있었을 때 냄비 신앙이라 조금 있으면 식어진다던 선배 집사님의 이야기를 들었을 때, 나는 두 주먹을 불끈 쥐며 '예수님, 이 첫사랑 식지 않는 예수 냄비 될래요. 축복해 주세요!' 라고 기도했었다. 천국 갈 때까지 이 첫사랑 거두지 마시기를 간절히 기도한다.

"너를 책망할 것이 있나니 너의 처음 사랑을 버렸느니라"
(요한계시록 2장 4절)

첫사랑을 잃고 실패한 분들을 거울삼아

사망 가운데에서 건져 주신 주님과의 첫 만남과 첫사랑
은 영원히 잊을 수 없는 은혜이다. 갓 태어난 어린아이가
부모님의 뜻대로 인도함을 받는 것처럼 젖을 사모하고 그분의 얼굴을
바라보는 것은 아기가 엄마 얼굴을 바라보듯 뜨거운 사랑이었다. 세
상 어느 것과 바꿀 수 없는 사랑이요, 만족과 기쁨 그리고 안전과 평
안을 얻었다. 점점 자라서 내 발로 걸을 수 있게 되면서 이곳저곳, 이
것저것 가지고 싶은 것이 눈에 띄게 되었다. 특히 가족 중에 우상숭배
하는 가족들, 생활의 열매가 아직 부족한 나의 불순종의 열매 등 이
모든 어려움 때문에 놀라움과 낙심이 몰려 올 때도 있었다. 이때마다
하나님은 나를 이기게 하셨다.

"나를 강한 원수와 미워하는 자에게서 건지셨음이여 저희는 나보다 힘센 연고로다 저희가 나의 재앙의 날에 내게 이르렀으나 여호와께서 나의 의지가 되셨도다"(시편 18편 17절)

신앙의 자유를 받아 핍박이 없어지고 마음껏 교회를 섬기며 교회생활에 익숙해지면서 습관적으로 예배에 참석하고 봉사 하게 되는 것을 느꼈다.

"너를 책망할 것이 있나니 너의 처음 사랑을 버렸느니라 그러므로 어디서 떨어진 것을 생각하고 회개하여 처음 행위를 가지라 만일 그리하지 아니하고 회개치 아니하면 내가 네게 임하여 네 촛대를 그 자리에서 옮기리라"(요한계시록 2장 45절)

하나님을 사랑하는 뜨거움과 즐거움이 사라질 때면 이 말씀으로 나를 회복케 하셨다. 특별히 성경에 나오는 인물 중에 사울과 웃시야, 데마와 같은 이들이 첫사랑을 잃어버리고 회개치 않아 주님께 버림을 당하는 비참한 모습은 나에게 큰 거울이 되어 항상 나를 긴장하게 해준다. 내가 자랄 때 친정어머니가 "야야, 잘하는 사람도 선생이고, 못하는 사람도 선생이다."라고 하시던 말씀이 늘 귀에 쟁쟁거리면서 나를 붙들어 준다. 그러나 주님은 첫사랑에만 머물지 않으시고 나의 손을 잡아 고난이란 용광로로 함께 들어가셔서 주님의 깊은 은혜와 능력과 섭리 속으로 인도하시며 나의 어그러진 형상을 주님의 형상으로 회복하시고 새롭게 하셨다.

> "나의 가는 길을 오직 그가 아시나니 그가 나를 단련하신 후에는 내가 정
> 금같이 나오리라"(욥기 23장 10절)
> "곧 여호와의 말씀이 응할 때까지라 그 말씀이 저를 단련하였도다"
> (시편 105편 19절)

연단을 받은 이후 삶을 돌아보니 많이 성숙된 것 같다. 그러나 나의 푯대는 예수 그리스도이기에 계속 자라야 한다.

> "하나님이여 내가 늙어 백수가 될 때에도 나를 버리지 마시며 내가 주의
> 힘을 후대에 전하고 주의 능을 장래 모든 사람에게 전하기까지 나를 버리
> 지 마소서"(시편 71편 18절)
> "늙어도 결실하며 진액이 풍족하고 빛이 청청하여 여호와의 정직하심을
> 나타내리로다 여호와는 나의 바위시라 그에게는 불의가 없도다"
> (시편 92편 14절)

나의 인생이 종말을 맞아 예수님 앞에 서는 날까지 갈렙처럼 영육이 강건하여 영적전쟁에서 승리하는 것이 나의 꿈이요, 기도 제목이다. 나뿐 아니라 이것을 한국 교회 모든 성도님의 꿈으로 생각하고 열심으로 기도할 것이다.